深度管理
21法则

陈浩

著

民主与建设出版社
·北京·

© 民主与建设出版社，2019

图书在版编目（CIP）数据

深度管理 21 法则 / 陈浩著 . — 北京 : 民主与建设
出版社 , 2019.4
ISBN 978-7-5139-2449-8

Ⅰ . ①深… Ⅱ . ①陈… Ⅲ . ①企业管理—通俗读物
Ⅳ . ① F272-49

中国版本图书馆 CIP 数据核字 (2019) 第 057238 号

深度管理 21 法则
SHENDU GUANLI 21 FAZE

出 版 人	李声笑
著 者	陈 浩
责任编辑	王 倩
装帧设计	润和佳艺
出版发行	民主与建设出版社有限责任公司
电 话	（010）59417747 59419778
社 址	北京市海淀区西三环中路 10 号望海楼 E 座 7 层
邮 编	100142
印 刷	北京中振源印务有限公司
版 次	2019 年 6 月第 1 版
印 次	2019 年 6 月第 1 次印刷
开 本	880mm×1230mm 1/32
印 张	8
字 数	210 千字
书 号	ISBN 978-7-5139-2449-8
定 价	45.00 元

注 : 如有印、装质量问题，请与出版社联系。

前言

　　企业最重要的是什么？是技术、人才，还是资源、服务水平？

　　决定一家企业发展命运的因素有很多，这些都可以看作是企业的硬实力，除了这些以外，企业还需要软实力，而管理是软实力的核心力量。

　　企业发展到一定阶段之后，就会陷入一个尴尬的境地，它们熬过了艰苦的初创阶段，规模达到了一定程度之后，却发现很难再获得提升了。

　　其实，这背后的道理非常容易理解。哲学上讲"量变积累到一定程度之后，就会引发质变"，然而要想促成企业的质变，我们必须付出额外的努力，将管理升级，才能完成临门一脚。现在国家提倡企业转型，要把那些落后的产业淘汰、升级，建立新型的、健康的、可持续发展的企业。在企业转型的过程中，管理也要完成转型，从以往那种落后的、粗浅的管理模式，转向更有深度的管理模式。

　　譬如说，每个城市的大街小巷里都有数不清的餐饮企业。过去，一对夫妻推着一辆三轮车，走到一个地方之后，把车上装载着的餐桌、凳子、炊具等一一摆开，就成了一个简陋的路边摊。他们做的是老百姓最常见的家常饭菜，口味也很受欢迎，但是受条件所限，他们无法满足消费者更多的需求。于是，有人专门租下了一个店面，就餐环境得到了改善，菜品也更加丰富了。后来，又有人学习西方的先进经验，开起了餐饮连锁店，管理变得更加规范，服务的质量也大大提升了。

这就是过去数十年来无数中国企业发展的缩影。从早期的粗放式管理，到后来的规范式管理，管理逐步向深度迈进。

管理的本质，是合理调配企业的资源，使其得到有效利用。而深度管理，则是在传统的制度管理之上进行的又一次管理革命。深度是纵向的层次，深度管理要求我们透过表面现象分析管理的深层次原因，进而制定相应的措施，使企业"活"过来，就像一个有自主能力的生命体，能够从容应对各种挑战。

本书从5个方向探讨了深度管理，用21个具有代表性的管理法则，详细讲解了什么是深度管理，如何进行深度管理。如果您是一名管理者，本书会让您认清自己是哪一种管理类型；如果您是一名员工，本书可以让您知道企业管理究竟是怎么一回事，从而更有效地工作。

第一部分
管理思维升级，为企业注入创新活力

有了先进的技术，不代表会有先进的效率，唯有从思维方面进行改造，管理水平才能不断进步。许多企业的管理水平已经进入了瓶颈期，需要将管理进一步深化，赋予企业崭新的生命力。尤其是在这个呈现碎片化趋势的移动互联网时代，深度管理也需要切合实际生活，以实际为重，进一步提升工作的效率。

第一章

活力法则：深度管理赋予
企业生命力

◇ 什么是深度管理？

◇ 和传统管理方式相比，深度管理有什么作用？

◇ 管理水平和企业发展之间有什么关系？

◇ 中国企业都有哪些管理上的问题？

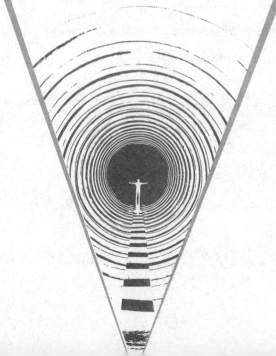

深度管理，用艺术的方式表现科学

马云说过这样一句话："管理是一门科学，而领导是一门艺术。"

深度管理，就是用艺术的方式，将管理这门科学表现出来。

和传统的管理方式相比，深度管理究竟有着怎样的特点呢？它能够帮助人们解决哪些问题呢？

传统管理：机械式管理

传统的企业管理已经非常成熟，它包含很多内容。

首先是员工管理。这是传统管理的核心要素，管理好员工，让员工心往一处想，劲往一处使，成为一个团队，企业才能发挥应有的水平。

然后是制度管理。一家公司从创建初期开始，就必须约法三章，规定什么能做，什么不能做，以及犯错之后要受到什么样的处罚，为今后可能出现的纠纷设定规矩，否则就会造成混乱。

接着是工作计划管理。公司的行动必须要有明确的目标和计划，不能盲目进行。

除了以上这几点，还有资源管理，要确保将资源用到最合适的地方。

深度管理：智能式管理

深度是纵向的层次，深度管理要求我们透过表面现象分析管理的深层次原因，进而制定相应的措施，进行更有效的管理。深度管理是企业管理的又一次革命，是对以往的总结和升华。深度管理可以使企业"活"过来，就像一个有自主能力的生命体，能够从容应对各种挑战，而不再是反应迟钝的僵尸企业。

在第一次工业革命时期，人们由传统的松散管理，转变为高效率的集中管理，用秩序提高效率，减少失误，带来的是人类社会的高速发展，正如马克思所说："资产阶级在它不到100年的阶级统治中所创造的生产力，比过去一切时代创造的生产力还要多。"

然而，第一次工业革命已成为过去式，现在是21世纪，第三次工业革命（计算机及信息技术革命）的余威尚在，第四次工业革命就已经迫在眉睫，这一次，人们争夺的焦点将会变成人工智能、清洁能源、机器人技术、量子信息技术、虚拟现实以及生物技术等。

各国都在强调经济的又一次转型，中国有"制造2025"，德国有"工业4.0"，美国有"AMP计划（先进制造伙伴计划）"。可以看到，世界制造业正在朝着智能化、节能化的方向发展。在企业升级的大背景下，人们对企业管理提出了更高的要求。很显然，传统的管理方式已经很难满足企业的全部需求，人们需要更智能化的管理方式。

从现实的角度来看，深度管理也是企业为了自救不得不做出的选择。自从2007—2009年环球金融危机爆发以来，企业的生存环境越来越难，而产能过剩则使得环境进一步恶化。根据统计，我国中小企业的平均寿命仅为两年半。在这样的大背景下，国家提出了经济转型、升级。经济的转型和升级，同时也意味着管理水平的升级，深度管理是大势所趋。

中国企业普遍存在的管理问题

企业就像一棵大树，有一定的生长规律，只有给予合适的土壤和水分，再加上精心管理，才能长成参天大树。中国企业的现代化进程时间很短，满打满算不过几十年的时间，虽然发展速度很快，但是和国际顶尖企业相比，我们的管理水平还不够细致，于是就出现了各种各样的问题，这是不可避免的。

管理上的不成熟，让中国企业通常存在以下几个问题：

1. 管理僵化，不懂变通

管理是一门科学，要与时俱进，及时更新。很多企业在刚刚成立时，就给自己设定了一套管理体系，也取得了很好的成绩，但是随着时间的推进，企业在发展过程中遇到了越来越多的挑战。企业的规模扩张了，管理模式却仍然是粗糙的，一个模式走到底，直到最后走入困境。这是由只会做表面管理，不懂得探索管理的规律造成的，这样的管理必定是流于表面的，企业越庞大，管理体制就会越臃肿、越僵化。

在改革开放的大浪潮中，许多公司迅速扩大，又迅速败落，就像烟花一样，在夜空中短暂地绽放了光芒。仔细分析它们失败的原因，我们就会发现，它们大多存在管理上的不足。有的企业规模虽然扩大了，但是骨子里仍然是小作坊的精神，没有及时更新管理流程，这就好比用自行车的车轮去承载一辆汽车，肯定是不合适的。

2. 没有设定清晰的经营目标

很多人在做工作计划时，没有清晰的目标，只有一个大概的方向，说白了就是"走一步算一步"。这会给今后的工作带来隐患，员工会发现，自己面对的是一团乱麻，很难执行下去。要记住，做企业需要的是实实在在的计划，有了清晰的计划才方便管理，如果是"嘴强王者"，或是一个"只会做PPT的公司"，就很难获得实质性的提升。

3. 团队松散，没有战斗力

企业管理在很大程度上体现为对团队的管理。现代企业当如狼群，每个人要负责专门的事务，各司其职，最后合力完成任务。很多企业不重视团队管理，没有一个明确的价值观，如此员工就很难形成向心力。

4. 好高骛远，没有专注力

管理是一个需要长期坚持的事情，偏偏很多企业家不懂这个道理，他们只追求眼前的利益，为此甚至违背自己做人的原则。例如，有的企业在维持主营业务时，总是试图另外寻求盈利点，急于扩张的结果很可能是捡了芝麻，丢了西瓜。本行业地位还没有稳固，就开始觊觎一些高利润的行业，然而经验和资源的缺失，很可能让企业付出沉重的代价。其实，小企业在行业中赢得空间本身已经很不容易了，想要坚守住这个空间，不仅需要持久的坚持，还需要学会判断机会。

5. 不肯放权，凡事都想管

很多人都是白手起家的，他们在创业时吃了无数的苦，凭借着强大的韧性坚持了下来，这一点永远值得尊敬。但是生活的苦难也让他们养成了一个很不好的习惯，那就是不信任下属，担心下属的能力不够，给企业带来损失。然而，企业管理讲究的是各司其职，亲力亲为并非任何时候都能奏效。随着企业的成长，企业的业务越来越多，领导就算能力再强，也不会分身之术。这时企业家要做的就是找一个靠谱的经理人，把大大小小的事务都交给他，并且给他足够的权力，而企业家则思考企业的发展远景和怎样更好地组织资源。

企业在管理过程中遇到问题是很正常的，即便是一些世界顶尖的大公司，也不能保证在管理上万无一失。关键在于我们能否直视问题，并且从中找到解决的方法。大多数公司在败亡之前，都会出现管理上的乱象，只要能够在管理上推陈出新，不断优化，就能实现基业长青。从过去的失败中总结经验，吸取教训，用以指导现在的行动，这就是学习深度管理的意义所在。

管理兵法：管理水平决定了企业的发展前景

"控制"是企业管理最常见的字眼，包括质量控制、财务控制、生产控制、成本控制等。一般而言，控制就是一种预防机制，企业只有建立完善的预防机制，才能有效防止问题的发生。很多企业在预防机制上普遍缺乏深刻的认识，以致给企业的发展造成了负面影响。

商战经典

博客网的兴起与衰落

2002年，方兴东创建了一个网站，起名为"博客中国"。当时，电视、报纸等传统媒体仍然是人们获取信息的主要方式，博客还是一种新奇的东西，是一个中立、开放和人性化的精选信息资源平台，这种独特的形式迅速获得了人们的认可。博客在中国成立之后，前景一片大好，网站访问量始终保持每月超过30%的增长速度，全球排名一度飙升到60多位，方兴东也被人们称为"中国博客之父"。

2004年，博客网获得了盛大和软银的50万美元天使投资。一年后融资1000万美元，并引发了中国Web 2.0的投资热潮，"博客"一词成为当时中国最火热的概念，Blog、Podcast、RSS、P2P等术语则成为风险投资者们热议的词语。

随后，"博客中国"更名为"博客网"，将目标设定为"全球最大的中文博客网站"，并且宣称"一年超新浪，两年完成上市"。然而，事实证明，方兴东太心急了。短短半年之内，他把员工从40多人扩张至400多人，一大半资金都用在开工资上，剩下的资金又被分给了视频、游戏、购物、社交等众多项目，通过融资获得的2000万美元很快被挥霍一空。

与此同时，博客网的主要竞争对手——新浪却在稳扎稳打，与博客网的快速扩张道路相反，新浪选择了一条更加成熟的道路，它没有急着扩张团队，而是把资金主要集中在产品上，先是推出了新浪博客公测版，接着又推出了新浪微博。一边是人事持续剧烈动荡的博客网，另一边是稳扎稳打的新浪，胜负已经注定了。

管理漫谈

深度管理与中国企业管理发展史

正所谓"隔行如隔山"，如果没有从事过相关工作，就不可能对企业管理产生深刻的认识和理解。

相比于抽象、烦琐的企业管理，普通人更喜欢关注企业家，例如以厚道示人的雷军，妙语频出的马云，认真务实的任正非，号称"商业教父"的柳传志等。在普通人眼中，这些优秀的企业家们就像一座座大山一样高不可攀。

不可否认，企业家们确实很有能力，然而经营企业不是靠耍嘴皮子就能完成的，它需要依靠实实在在的管理和经营。可以说，管理才是企业的基石。如果你只是公司里的一个小职员，你需要提升的是技术水平；但是当你成为一家巨头公司的领导者时，你最需要掌握的是管理的学问。一个人的管理水平越高，能够发挥的作用就越大。如果管理水平不够，那么就会给企业的发展造成负面影响。

中国人是最乐于学习的，也是最善于学习的，我们向所有值得敬佩的对手们学习先进的管理经验。如果按照国家来划分的话，中国人这些年学习过的管理方式主要有日式管理、美式管理、德式管理。日式管理的典型特征是制度至上、等级森严；美式管理则注重团队合作，推崇个人英雄主义；而德式管理强调严谨，重视理性。这些管理模式都取得过良好的效果，它们是美、日、德等老牌资本主义国家经过长时间的摸索而做出的经验总结。这可以说是中国企业的第一次管理革命。

　　然而，随着社会的发展，人们逐渐发现，虽然国外的管理方式很先进，但是不一定适合自己。我们可以借鉴别人的管理经验，但是不能照搬别人的管理模式，理念必须同实际相结合。在实际运用的过程中，从更深层的方面进行分析，建立更有智慧的管理模式，这就是深度管理，也可以称之为"管理的第二次革命"。

第二章
1小时法则：用碎片化的管理 提升效率

◇ 时间碎片化和管理效率之间有什么关系？

◇ 生活中的碎片化管理有哪些？

◇ 碎片化管理有什么优势？

◇ 在互联网时代，该如何利用碎片化的时间？

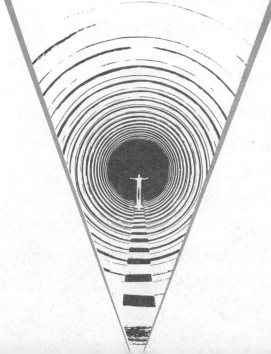

时间碎片化是时代发展的趋势

在互联网高速发展的今天，人们的生活节奏也不断加快，时间碎片化已经成为一种普遍现象了。如何管理碎片化的时间，成为许多人热衷探讨的新话题。用好碎片化时间，企业可以避免不必要的时间消耗，从而大幅度提升员工的工作效率。

时间碎片化是追求效率的产物

关于时间碎片化的讨论，引起了很多人的兴趣，似乎碎片化是一种新奇的事物，是在互联网时代才出现的。其实，时间的碎片化早就已经出现了。人是有承受极限的动物，需要吃喝拉撒，因此不可能持续不停地工作。古人遵循着"日出而作，日落而息"的生活的规律，白天出去干活，到了晚上就回来休息，期间肯定还要休息一段时间，这就是时间碎片化的早期形式。

到了今天，在这个信息满天飞、知识不断更新的年代，人们只需要动动手指，点点手机，就能随时随地开展工作和学习了，工作的效率大幅提升，于是对碎片化时间的利用越来越受人重视。针对这种现象，很多网络名人们早就已经开始行动了，各种软件应运而生，例如某些APP中每天早上推送一次的音频、短文等。城市中的白领们手中拎着公文包，站在地铁里就获取了其中的知识。正如《罗辑思维》主讲人罗振宇所说："用户时间的碎片化已经是既成的事实，用户选择用碎片化的学习来填充这些时间，是有价值的真实需求。"

时间碎片化是对传统管理模式的补充

从某种程度上来说，时间碎片化与传统企业管理模式之间是格格不入的。很多人甚至认为企业管理无法碎片化，碎片化管理会使企业无法集中力量，最终走向崩溃。那么，事实真的是这样吗？

其实，时间碎片化也可以用于企业管理，比如碎片化的会议，很多企业喜欢开大会，包括管理层会议、部门会议、全体员工大会等，费时费力，却效果一般。会议碎片化，就是尽量减少开大会的次数，更有针对性地开展各项会议，只针对某件事召集某些关键负责人召开专门的小会，使会议更加精简、快速、明确。

又比如工作组织的碎片化，把企业的大组织模式变成小组织模式，原则上仍然属于同一个公司，但是在具体事务上分成多个相互独立的小组织，分头出击，独立核算。这样一来，就把原来由企业老板一人独大的公司变成了企业老板与员工合作共赢的公司，能够为企业的生命赋予新鲜血液。

总而言之，如果能够合理利用碎片化时间，工作效率肯定会大幅度提升。碎片化时间隐藏在生活中的各个角落里，究竟如何利用，就看我们自己了。

用管理软件优化碎片化时间

利用碎片化时间是人们对自我的管理，那么企业是否也能利用碎片化时间呢？当然是可以的，企业进行碎片化管理，比普通人的碎片化管理效率更高。也许，一个细微的工作方式的改变，就能使企业更进一步。

现在很多企业都安装了管理软件，例如ERP系统、CRM软件等，通过软件减少交流的成本，进而减少碎片化时间出现的可能性。总的来说，这些管理方式有以下几种好处。

1. 利用碎片化时间获取数据

企业要为消费者提供服务，用服务换取利润。这里面存在一个很明显的问题，就是企业的工作时间是固定的，但是客户不一定会在规定的时间内出现，有时前来排队的人数很多，有时连一个人影也看不到。这种情况就会导致一个结果，那就是企业和客户之间存在时间差，为此企业领导和工作人员经常处于等待的状态下。

可以说，人类商业史的很大一部分内容就是为了消除这个时间差，尽量使其中存在的碎片化时间也能够得到妥善的利用。从前些年的黄页，到如今的互联网，都是为了减少成交的空窗期，都起到了碎片化管理的作用。

借助于各种先进的软件管理系统，企业可以用更短的时间获取信息。工作人员只要打开电脑，甚至是手机，就可以随时查看客户的信息，以及产品管理板块，产品的名称、型号、库存、最新报价、活动信息都会在系统中详细展示出来，工作人员可以通过筛选迅速地找到客户感兴趣的产品的信息，而不用再盲目地查找各种表格。这样一来，甚至可以实现移动办公、异地办公。对于建档客户，已经整理和归档过的客户信息会有序地呈现给销售人员，销售人员可以根据多维度的资料了解自己的客户，知道其真实需求，为其提供最合适的服务。对于未建档的客户，可以实现即时建档。

2. 企业碎片化时间管理

（1）工作时间碎片化。

在一些创新型企业中，员工可以拥有属于自己的额外时间，用于处理自己的事务，而公司对此并不会过度干预。例如，3M公司允许技术人员利用15%的工作时间做个人感兴趣的事情，无论这些工作是否对工作有利。这样做的好处是在开发员工创造力的同时，也增强了员工的自信心，对吸引和留住人才起到了促进作用。

（2）培训工作碎片化。

对员工进行培训是企业管理的重要内容。传统的培训模式是填鸭式的教育模式，会耗费大量的人力和财力，并容易引发员工的抵触情绪。腾讯公司将培训内容发布在企业内网上，员工利用碎片化时间，通过电脑或手机观看教学微视频、案例资料等，不仅避免了传统培训的弊端，还在无形中宣传了企业文化，调动了员工的积极性。

管理兵法：移动互联网时代的碎片化管理

打开手机，动动手指，就能体验到各种各样的上门服务，这种生活场景已经成为中国人的常态了。这种"互联网+"的商业模式，把碎片化时间运用到了极致。时间是最宝贵、最稀缺、最独特的资源，因为它是真正平等的，时间是最低的共同标准。

商战经典

共享单车的碎片化管理

移动互联网使人们的生活方式发生了很大的改变，共享单车就是其中的一个方面。共享单车是一种新型环保共享经济，它的概念由来已久，管理模式也在不断变化。摩拜单车管理模式的创新突破了原有产品服务的局限性，从而成为出行领域的颠覆者。

共享单车的一大特征是随骑随用，只需要用手机扫码，就可以骑走一辆单车，其间完全不会受到共享单车经营公司的任何阻碍，或者是任何疑问。可以说，共享单车已经实现了管理上的碎片化。

在管理方面，共享单车还实现了一大创新，也就是将移动互联网和传统公共自行车租赁业务结合起来，ofo、摩拜等公司都是通过互联网来实现管理的。用户不必到线下服务点办理租车卡，只需要下载"摩拜单车"APP注册，缴纳299元押金后并进行实名认证即可。依托互联网这一基础设施，车锁的GPS定位功能使用户在APP上就可以实时查找附近的单车，一键预约，扫描二维码即可租借骑行并自动计费。从找车、约车、开车到用车、锁车以及最后的付费都能够在一个APP上完成，这种管理模式很符合移动互联网时代人们的使用习惯。

然而，共享单车也有自身的缺点，它在简化流通环节的同时，也为企业带来了新的管理难题，例如单车的维护、占道摆放等。

管理漫谈

"互联网+"和共享经济促使管理升级

近些年，"互联网+"和共享经济在中国的发展可谓如火如荼，自从开展以来，无数人参与其中，创造出无数种新的商业模式。共享汽车、共享单车、共享房屋、共享知识技能、共享资金、共享充电宝、共享篮球……共享经济正以各种形式蔓延渗透到人们的生活中，真正实现了李克强总理提倡的"大众创业，万众创新"。虽然其中有不少失败的经历，但是不能掩盖它们的光辉。

根据国家信息中心分享经济研究中心发布的数据显示，2016年是"互联网+"和共享经济的快速发展期，仅共享经济的市场规模就达到了39 450亿元。到2020年，交易规模将占GDP比重的10%以上。

现在的年轻人渴望脱离束缚，对他们来说，长时间地困在一片土地上是一种煎熬。他们的思维方式和渴望安定的父辈们完全不同，他们热爱"互联网+"和共享经济，也乐于通过互联网平台接单。而"互联网+"和共享经济则为人们提供了一种新的生活方式，促使企业不断提升自己的管理水平，以符合当前的商业模式。

第三章

道与术法则：无为而治是管理
的最高境界

◇ 道家所说的"无为而治"究竟是什么意思？

◇ 什么时候应该使用无为而治？

◇ 无为而治的发展过程是怎样的？

◇ 企业文化对于企业管理有何意义？

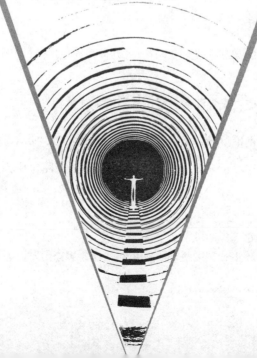

企业管理中的无为而治

通常，人们认为企业管理就是要通过一系列措施，协调企业内部人员的工作。美国管理学家赫伯特·西蒙对管理的解释是："管理就是决策。"弗里蒙特·卡斯特则认为："管理就是计划、组织、控制等活动的过程。"

其实，管理的方式多种多样，无为而治就是其中的一种。

管理之道：无为而治是经过检验的大智慧

"无为而治"最早出自《道德经》："我无为，而民自化；我好静，而民自正；我无事，而民自富；我无欲，而民自朴。""无为无不为。"

西汉建立之初，统治者从秦朝的灭亡中吸取了教训，因此推行无为而治的政策，试图缓和阶级矛盾，积累国家财富。事实证明，这种做法很快取得了效果。国家平定以后，大量劳动力被释放出来，用于生产和建设，汉朝由此迅速积累了大量财富，为汉朝的国际地位奠定了基础。

无为并不是什么都不管，而是充分信任员工，给予员工足够的权力，让他们有发挥的空间。无为而治自从提出以后就受到了人们的重视，人们认为这是一种非常高明的管理方式。

做人应该"道法自然"，做企业更应该遵循自然的规律。管理学上有一个非常浅显的道理，企业家需要明白，那就是人的精力是有限的，只有在小事上有所不为，才能保证在大事上发挥该有的作用。如果企业家把精力都放在小事上面，那么他就没有足够的精力去做其他事情，比如考虑企业的发展、考察市场行情等。

聪明的管理者懂得给下属放权，同时给他们犯错的机会，而不是苛求每一个人绝不犯错，实际上这也是不可能办到的。人们常说"失败乃成功之母"，员工在犯错的同时，也会吸取经验。管理者要做的是向员工传授经验，帮助他们快速成长，而不是过度干涉他们的工作。

管理之术：企业要发展，就要充分调动员工的积极性

在互联网时代，要想提升公司的技术是很容易的，花钱从外面招个有经验的技术大牛，雇用一支技术高超的团队，就可以将企业

的技术带上一个新的台阶。可要想提升管理水平，就没有这么简单了。我们经常可以看到，一些企业从国外花大价钱请来管理团队，希望他们能够建立一套行之有效的管理体系，但是折腾了半天，却不尽如人意，这是因为双方面对的实际情况完全不同，脱离实际的管理，肯定要碰钉子。

企业之间的竞争，说白了是管理水平上的竞争。有了良好的管理，企业才能实现良性发展。盲目地学习他人的管理经验，还不如坚持无为而治。首先要去除不必要的重复劳动，在监控有效的情况下，缩短流程，减少审批环节，同时严格地执行责任制，把公司不能触犯的原则性问题告诉员工，然后让员工自己去做事，充分调动员工的积极性。

无为而治的管理模式，能够给员工传递一个信息：你拥有权利，也负有责任。从这个方面来看，无为而治并不是说管理者要放任员工随便做事，而是要设计一套合理的规则，让员工在努力工作的同时，做到有法可依，帮助员工快速成长。其中蕴含着人性化的精神，把员工当作一个独立的个体，而不是管理者的傀儡，这样的管理机制，无疑是最能调动人的积极性的。

无为管理的三个阶段

无为而治是一种政治思想，也是一种管理境界。这种管理境界不是天生就有的，而是企业在长时间的经营下逐步形成的。无为管理是我国传统文化与现代管理科学体系的融合，是一种青出于蓝而胜于蓝的管理方式。

就"无为"而言，我们可以把它分为三个阶段。

1. 传统管理阶段：积极作为

管理的第一个阶段是积极作为，这是有原因的。企业家刚刚创业时，手里的钱不多，人手也不够，为了省钱和提高效率，老板不得不亲自上阵，跟员工干一样的活。这是白手起家型人物共有的特征，他们往往非常勤劳，甚至比员工更能吃苦。不过这个时候他们的管理水平还很低，处于起步阶段，所以难免会出现"妄为"的情况，他们什么都想管，什么都想插手，但是做得多往往意味着错得多。

在这个阶段内，企业家会遭遇各种失败和挫折，这是无法避免的，也是对企业家的考验。如果能够坚持下去，我们就能从中学到很多东西，而那些失去的东西，则是我们为了学管理而付出的"学费"。

2. 科学管理阶段：有所不为

管理是企业家给自己减负的过程。早年创业时，企业家和员工一样劳累，随着业务逐渐扩大，企业家再也不可能和员工干一样的工作了，他就算是个"铁人"，也不可能把所有的事情全都包揽下来。所以，在这个阶段内，企业家逐渐从以往的无所不为转变为有所不为。相比之下，无所不为其实比较容易，而有所不为就需要胆量和智慧了。从"有所为"过渡到"有所不为"，这种管理模式的转变，需要企业家具备高超的领导艺术，否则很难成功。

为了实现有所不为，企业家必须构建一套完善的管理系统。过去只需要一句话就能完成沟通，现在已经不适合了。俗话说"国有国法，家有家规"，企业也要有一套属于自己的管理规章制度。在这套制度表内，每个人的任务都被规定了，什么能做，什么不能做，都有明确的说明。老板不需要再盯着员工做事，只需要根据制度去考核就可以了。

3. 现代管理阶段：无为而无不为

这是管理的最高境界，也是大公司必须要学习的一种境界。员工要在企业里站稳脚跟，就必须付出努力，将自身的作用发挥出来；而企业要在社会里站稳脚跟，就必须有一套行之有效的管理方法，让企业能够持续运转下去。

老子说："治大国若烹小鲜。"意思就是，治理庞大的国家，必须保持谨慎，应当像烹制小鱼一样，轻轻地翻炒，如果用力过猛，鱼肉就会被搅碎。这个道理同样可以用在企业管理上，治理一家庞大的企业，要让员工有足够的空间，让他们自主地做事，感受不到你的存在，让他们能够目标明确、自我管理、自我激励，把个人价值与企业价值有机地结合起来，在实现个人价值的同时，也为企业创造价值。

给员工放权也需要智慧，需要循序渐进，把员工培养成一个有担当的员工。也就是说，在放权之前，需要经过一定的磨合时间，逐渐放松控制，逐步地授权给自己的下属。

管理兵法：管理需要企业文化保驾护航

　　无为而治的核心精神是让企业自主运转，这就是企业文化的力量，在企业文化的感召下，很多事情不需要老板开口，员工就会主动负起责任，为了公司的发展壮大而努力。"有为而治"与"无为而治"是相辅相成的，就像鸟的两只翅膀一样。管理者在建设企业管理体系时，也要尽量简化管理，将二者巧妙结合，才能成为最杰出的管理大师。

商战经典

华为：从必然王国走向自由王国

　　华为的创始人任正非发表过一篇文章——《要从必然王国，走向自由王国》，他在文章开篇就写下了这样两段话：

"毛泽东同志说过：'人类的历史，就是一个不断从必然王国走向自由王国发展的历史。这个历史永远不会完结……人类总得不断地总结经验，有所发现，有所发明，有所创造，有所前进。'人们只有走进了自由王国才能释放出巨大的潜能，极大地提高企业的效率。但当您步入自由王国时，您又在新的领域进入了必然王国。不断地周而复始，人类从一个文明又迈上了一个更新的文明。

"华为经历了十年的发展，有什么东西可以继续保留，有什么东西必须扬弃？我们又能从业界最佳吸收什么？如何批判地继承传统？又如何在创新的同时，承先启后，继往开来？继承与发展，是我们第二次创业的主要问题。"

当时的华为正处于事业上升期，很多人为已经获得的成就感到兴奋，而任正非却在繁华之中看到了隐患，他深深地懂得，公司未来的生存发展靠的是管理进步。

华为的发展史上充满了英雄主义色彩，"狼性精神"正是其中的一个缩影。这家公司由众多英雄们创造，他们凭借一腔热血，在激烈的市场竞争中活了下来。但是这种情况不会永远存在，华为要成为一家国际性的企业，就需要建立一套行之有效的现代化管理模式。华为要淡化英雄色彩，特别是淡化领导者、创业者们个人的色彩，这是实现职业化管理的必然之路。只有现代化的管理才能为华为保驾护航，真正提高公司的运作效率，降低管理中产生的内耗。

管理漫谈

企业文化的力量

说到企业文化，想必人们都不会陌生。自从企业管理被引入中国以后，人们就开始重视对企业文化的建设，大大小小的企业里言必称"5S"。这样的企业文化确实给人留下了深刻的印象，但是其效果究竟如何，恐怕没人能说得清楚。

企业文化的发展过程，同时也是激励员工、提高员工境界的过程，更是一个文明、美德、素养积累和提高的过程。企业在推进文化建设的同时，把一些积极向上的精神传递给了员工，员工也跟着企业在成长。这是一种精神境界上的成长，比工资上的提升更可贵。很多从大工厂里走出来的管理人士，往往在招工市场上更吃香，就是因为他们的见识更广，做管理的方式也更科学。

需要注意的是，企业文化建设也要从实际出发，要跟实际情况相符合。很多企业喜欢盲目追求企业文化，以为越复杂越好，有的甚至把规章制度编成厚厚的一本书，还强迫员工每天背诵。这种"小牛拉大车"式的企业文化只会加重员工的负担，他们根本不可能领会其中的精神和内涵。真正有效力的企业文化其实很简洁，如果能用一句话概括企业文化就更好了，例如"客户就是上帝"、华为的"狼性精神"、阿里的"让天下没有难做的生意"等。

第四章

高效力法则：公司会议应以
实际效用为准则

◇ 哪些原因导致员工讨厌开会？

◇ 如果给公司的会议评分，你会打几分？

◇ 要想提高会议效果，需要遵循哪些原则？

◇ 头脑风暴法该如何使用？

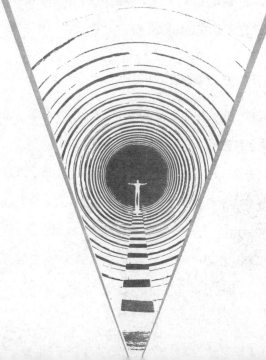

为什么员工不喜欢开会

几乎所有的公司都存在这样一种现象：领导极度喜欢开会，而员工极度讨厌开会。在领导的眼里，开会是正常工作，不开会就好像缺了点什么。但是在员工看来，频繁开会只是在浪费时间而已。

为什么二者会出现这样的反差呢？

令人讨厌的低效率会议

通过观察一个公司的会议制度，具体会议的准备、进行过程和会议决议的执行结果，可以基本判断其管理水平。

人们对开会吐槽最多的地方，就是会议的拖沓、效率低下。很多公司的领导非常喜欢开会，甚至没事也要强行开会，就是为了突出自己的领导地位。这样的会议拖拉严重，纯属浪费时间，怎么能让下属高兴得起来呢？

还有一种会议也深受员工厌恶，那就是占用时间的会议。有的领导专门挑下班时间开会，动不动就开两三个小时，但是讲的没有一句有用的，全是废话。员工下班时，时间已经很晚了，员工也处于疲惫之中，这时再花两三个小时开会，任谁都不会开心的。

也有一些领导在开会前完全不做准备，一切从零开始，结果与会人员一头雾水，要花很多时间讲明背景、概念。这样会导致一个结果，就是鸡同鸭讲——没有共同语言。真正高效的会议在会前、会下已经基本达成共识了，开会只是统一意志，形成决议。有些公司会议基本属于临时通知，相关人员也不可能做充分的准备，或者重要人员出差在外无法参加会议，这样的会议效果自然要大打折扣。

更重要的是，这些低效率的会议会把人们原先制订好的计划给打乱，这样一来，人们不得不花费更多的时间，工作效率下降，带来的是生活品质的下降。

打造高效会议的五大原则

1. 会议时间以10分钟为单位

彼得·德鲁克曾指出："一个企业的经理如果用超过25%的时间开会，就是一种病态组织的表现。"

在现实生活中，几乎所有的会议都把时间默认为30分钟，或者1～2个小时，因为人们在做工作计划的时候，总是喜欢按天数和小时来计算，人们习惯了"××天做完××事""每天花××个小时做××事"。

但是对于员工来说，连续1～2个小时的会议显然是没有必要的，如果在工作中遇到了问题，简短的交流或许就能解决，就算不能解决，也能提供一个解决问题的思路或方向，接下来回到位子上继续工作就行了，长时间的会议只是在浪费时间罢了。

因此，在准备会议的时候，不妨给会议设定一个"闹钟"，规定以10分钟为单位，能够在10分钟内解决的，就绝不拖到20分钟；能用20分钟解决的，就不拖到30分钟。

2. 明确会议的主题

很多领导在开会的时候，嘴上滔滔不绝，但是底下的员工根本不知道他在说些什么。其实这是因为他们在开会的时候没有确定主题，让员工觉得这次会议没有重点，也提不起精神。开完会议以后，员工很快就会忘记会议的内容。

开会是为了解决问题的，即便是看起来最没有作用的茶话会，也有着联系感情的作用。所以，在开会之前，就应该事先设定好本次会议的主题。会议的主题一般有一个就可以了，主题太多容易让人感到混乱。只有这样才能更好地集中相关人员，高效解决问题。有些综合性会议的主题较多，有的甚至超过了三个，带来的结果就是议题越多，参加人员越多，会议效率越低下。

3. 选择相关的与会人员

开会也要找对合适的人，否则就是没有意义的会议。参与会议的人，数量不必太多，可以让与会议议题直接相关的人参加，而负责从旁协助的人看情况决定是否参加，假如与助手没有直接的关联，可以不用麻烦他们。具体的议题让主要负责人员直接汇报，领导不要代为汇报，避免出现一问三不知，白白耽误大家的时间，更不要因为不了解实际情况而想当然地盲目决策。另外，开会的人最好是有决策权的人，主管人委托他人代为参加，也要赋予相应的权力，否则就会因做不了主而造成议而不决。

4. 会议人员要保持对等的地位

开会往往是大家坐在一起商讨的过程，这个过程需要秩序和流程，如此才能井井有条。因此，对等沟通是非常重要的，在人格上大家都应该是平等的，但是在职位上应该有所区分。说得通俗一点，就是要找那些能说得上话的人。参与商务沟通的人会因学历、职务等背景的不同而有所差别。在商务沟通中，对话的双方一定要对等，企业总裁不可能找一个普通的职员进行商务沟通，双方的阅历和见识都不在一个档次上，很难取得良好的沟通效果。

5. 开会也要讲究时效性

信息是有时效性的，尤其是在瞬息万变的商业市场内，在与客户进行商务沟通的过程中，一定要注意信息的时效性。不论是向下传达信息，还是向上提供信息，都应遵循"及时"的原则，只有得到及时的反馈，商务沟通才有价值。

在发生问题时，要做到及时沟通，这可以使自己容易得到客户的理解和支持，同时可以迅速了解客户的想法。因为企业的核心竞争能力，就是能够及时获取资源的能力。而在实际工作中，很多人对此并不重视，遇到问题时没有第一时间采取行动，和对方沟通，等对方从其他渠道得知消息时，再想和他们进行沟通，为时已晚。

管理兵法：在短时间内提高会议的效率

在商业社会中，开会是一项非常重要的内容，双方通过对话的方式达成协议，解决问题。因此，开会的水平直接决定了一家公司的高度。真正优秀的员工，会把自己视为企业的主人，他们会认真思考每一项决策，他们在会议上发表意见的根据，不是上司或权威人士怎么看，而是看决策是否符合企业的利益。

商战经典

苹果和谷歌的高效开会方法

苹果和谷歌都是业界的标杆，在会议方法上，它们是怎样选择的呢？

作为苹果公司的创办人之一，史蒂夫·乔布斯的一生充满了神奇的色彩，他的开会方式为人所津津乐道。在常人看来，开会就应该是严肃的，而乔布斯却非常讨厌这种演示式的陈述，他更喜欢自由自在、面对面的会议。每个周三的下午，乔布斯都会召集公司内的营销及广告团队，召开一次简短的会议。乔布斯往往反对他们使用PPT，因为他认为，团队里的每个人都应该对业务非常熟悉，即使不借助PPT，前来开会的成员们也应该能够清晰地了解会议内容。

此外，乔布斯也很喜欢在散步时召开会议，他很喜欢和朋友们边走边聊，很多创意和点子正是在这样的过程中诞生的。乔布斯认为，我们一天中坐着的时间比睡觉时间还要多，这是非常不健康的行为，与其坐在工作台前开会，倒不如到室外边散步边开会，这种方式恰恰可以在"保持健康"和"解决问题"之间找到平衡点。

与乔布斯不同，谷歌的领导者拉里·佩奇很少亲自做决策，他喜欢把做决策的权力交给下属。拉里·佩奇在会议中扮演的角色更像是组织者，而不是一个乾纲独断的企业创始人。因为谷歌的员工都是精英，他们知道自己在做什么，也知道如何创造价值，他们不需要一帮领导者指手画脚。

正是在这种思想的影响下，谷歌形成了独特的企业文化，员工们的上班环境非常宽松，谷歌的办公室里甚至有高尔夫和吊床。谷歌员工之间的对话也非常轻松友好，很多时候，他们只需要几句简短的对话，就可以达成会议的效果。

管理漫谈

提升会议效果的头脑风暴法

社会发展到今天，传统的会议模式越来越受到人们的质疑，它所带来的弊端促使人们发展新型的会议模式。众所周知，传统会议的特点是等级森严、气氛严肃、效率低下，而目前的商业社会需要更加轻松、有效的会议模式。针对这种状况，美国BBDO广告公司创始人、"创造学和创造工程之父"亚历克斯·奥斯本提出了"头脑风暴"这一理念，用群体讨论的方式解决现实中遇到的问题。在头脑风暴会议中，人们群策群力，思想的火花碰撞在一起，团队的凝聚力和创造力也因此得到提升。

自从头脑风暴法出现之后，它的优点迅速得到了人们的认可，这种新颖的会议模式很快传遍全球。头脑风暴法的原则只有一条，那就是高效，这种会议非常简单，几乎不需要做什么物质上的准备，也不需要精心准备PPT、文案等，只需要准备一间会议室，摆上一张桌子、几把椅子，预备好纸、笔和一块白板，就可以完成一场精彩的头脑风暴。

正如它的名字一样，头脑风暴可以让人们深入探讨问题，把项目涉及的人集中起来，一起讨论当前的问题，谁有想法都可以说出来，而项目主管以及更高级的咨询顾问，则要提出团队随后做破坏性检验的最初假设。有时，还可以邀请客户一起进行头脑风暴会议，在浓烈氛围的影响下，双方的沟通会变得更加容易。

　　头脑风暴是一种非常实用的会议方式，它能用最短的时间解决问题，因为它不需要烦琐的准备，限制也很少。但是这种较为随意的氛围，也决定了它的使用范围，有些会议的象征性意味很强，对礼节、场地的要求很高，这时就不适合用头脑风暴了。

第五章

效能法则：专注于实际效果，
而不是大数据

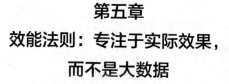

◇ 如何看待大数据和实际效果的关系？

◇ 在人工智能时代，企业家该如何定位自身？

◇ 如何平衡实际效果和报表数字的关系？

◇ 企业如何检验管理是否有效？

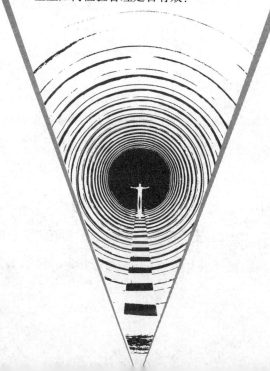

将大数据和实际效果结合起来

如今网络科学技术的发展速度非常快，各种互联网概念相继涌出，以大数据为代表的新型经济模式主导了市场的发展。

人们不禁要问："在人工智能时代，企业管理究竟该怎样做，才不会被市场淘汰呢？"

人工智能时代来了

日本著名企业家稻盛和夫说过一句话："答案在现场，一线有神灵。"意思就是，企业的答案永远在一线阵地，企业家只有亲自接触之后，才能做出正确的战略。

对于科技的发展，有些人持悲观态度，认为人类的计算能力远远比不上人工智能，更何况现在的大数据已经可以实现精准投放了，往后将会有一大批人丢掉工作，很多企业家将会成为人工智能的奴隶。也有一些人持乐观态度，他们秉持的观点是，人类是有创造性的动物，而现在的人工智能还很不成熟，即便今后出现了技术爆炸，人类也可以找到属于自己的道路。

这两种看法都有一定的科学性。在计算、搜集数据方面，人类永远也比不过电脑，往后与人工智能的差距只会越来越远，因此，在集成现有信息、对数据进行技术性决策方面，人工智能可以代替人类。但是另一方面，人工智能终究只是电脑，目前还处于初级阶段，在发现、创造、创新方面，人类依然有独特的优势。因为人区别于动物甚至人工智能主要有两点：一是人具有情感，二是人具有灵感。正是由于这两点原因，人类才能更加有感情地去选择。

可以参考大数据，但不能全部依赖大数据

大数据的作用毋庸置疑，自从它应用于实践之后，企业的运营模式发生了翻天覆地的变化。就拿打车行业来说，过去的出租车公司搜集信息的方式非常原始，只能按照以往的经验，在商业街、机场、火车站等地多投放几辆车，乘客必须走到马路边才能看到出租车，或者通过打电话实现提前订车。随着城市的逐渐扩张，"打车难""打车贵"的声音在各大城市内都出现了，而出租车公司的反应非常迟钝，面对急速扩张的市场，它们依然采用原有的管理模式，没有做出有效的改变。以滴滴、Uber等互联网公司为代表的打车软

件看到了其中的商机，它们在大数据的帮助下，成功拿下了市场份额。

从这个方面来说，大数据的作用非常明显。但大数据毕竟不是万能的，公司面临的问题还有很多难以解决，这时我们只能依靠其他方式去补齐。大数据也有失灵的时候，比如国庆放假，原来堵成一团糨糊的地方，现在依然堵成一团糨糊，因为它无法改变人们出行的硬需求。而且大数据预测未来的能力还很有限，它更擅长分析目前最火热的市场行情，但是对于可能存在风险的未来，它还无法代替人的经验。

因此，在互联网技术发展得如火如荼的大背景下，企业家可以利用大数据提升管理水平，减少人力成本，但是不能完全依靠大数据，毕竟大数据也有出错的时候。

做企业要专注于实际效果

做企业是一件实实在在的事情，企业生产了多少商品，又卖出去多少商品，利润率有多高，这些都是非常实际的东西。因此，企业家要把眼光放在实际效果上，不能只盯着纸上的数据看。数据可以作为经营企业的参考，但也仅仅是参考，因为它只能反映其中一个方面，不可能面面俱到。

只看账面数字不会让你更成功

账面上的数字可以在一定程度上反映企业的现状，但是数字不能代表所有，很多时候，只看数字会带来意想不到的坏处。简单地举个例子，企业就好比一名百米赛跑运动员，他的最好成绩是11秒00，和世界上最好的田径运动员相比，他的差距还很大。为了提高成绩，教练决定给他更改训练方案。如果教练对他说"我要你下个月跑进10秒00"，他肯定觉得教练发疯了，要知道现在的世界纪录是博尔特创下的9秒58，他再怎么训练，也不可能在一个月之内就突破10秒00。如果强行训练，很有可能导致伤病。教练应该从实际着手，一点一点地提升他的成绩。

企业管理中也存在类似的问题，例如有些公司只关注眼前的利益，为了一个暂时的数字，放弃长远的投资，当寒冬来临时，它倒下的速度比任何人都快。

在管理企业时，应该尽量避免以下两种情形：

1. 脱离实际的数字计划

一旦脱离实际，企业就会陷入危险。遗憾的是，很多公司似乎并不在乎，为了报表上的一个数字，它们总是试图把员工压榨到极限，整天给员工灌鸡汤、打鸡血。但是员工也是有承受限度的，过分的压榨会让他们失去动力，而你的加油打气在他们看来更像是嘲讽，这时团队的方向就已经偏离正轨了。

2. 朝令夕改的指标

计划和实际效果是两码事，你不可能把每一天的计划都按时完成，因此在制订计划时，一定要保持谨慎，制订一个可以完成的计划，并且留出一段时间，让下属有充分的准备时间。很多时候，老板制定了过分严苛的指标，下属拼尽全力也无法达成，这时老板不可能把所有人都开除了，只能改变指标，默认接受。这会导致一个问题，那就是员工会在私下里抱怨："也不知道老板的脑子里在想些什么，制订这种计划，怎么可能完成呢？"

有效推进企业量化管理

企业量化管理，又称管理的数量统计法，是指以数字为基础，用数学的方法来考察和研究事物的运动状态和性能，对关键的决策点及操作流程，以及对事物存在和发展的规模、程度等做出精确的数字描述和科学控制，实行标准化操作的管理模式。

说得简单一点，就是用一些可以计算的数据进行管理。数据本身其实不重要，但是它能够反映一定的事实，所以能够用来帮助管理，在某些方面，它具有很强的参考作用。例如在绩效考核方面，老板就必须参考数据，看看员工上个季度的真实数据究竟如何，再联系生活中的其他细节，给员工一个比较合理的奖惩。

说到这里，相信你已经发现量化管理的特点了。没错，它的特点就是一切以数字说话，清晰可见，这种模式很适合那些有着丰富经历的企业。这些企业历经多年风雨，逐渐从早期的粗放型管理中走了出来，迫切需要建立现代化的管理模式，而量化管理就是一个很好的选择。

管理兵法：以结果作为管理考核的主要导向

　　用数据说话非常重要，数据的来源同样重要，过分迷信市场调查数据十分危险。在企业管理这门课中，最终的参考标准就是结果，计划中的数据只能作为参考，唯有最后的结果才是实实在在的。

商战经典

任正非谈员工考核

　　我们还是要坚持以结果为导向考核员工，包括长期的、中期的和短期的结果。我们不要跑偏，不能凭考试涨工资，不能凭技能涨工资，而是要看结果、看贡献。我觉得考试不能多，不要让员工把精力聚焦在考试上，而是要聚焦在多贡献上。如果聚焦于考试，那就会有一些人占便宜。有些人一次性把事情做得很好，但是考试考不好，会不会受打击？我想很多考试，你们主管，你们可能很多都不及格。考试成绩好就能当干部吗？我不会选一个只是考试成绩好的人当干部。我们在评价体系上强调贡献，用贡献来衡量绩效。

对员工的评价，看贡献，而不是加班加点。有些干部以加班多少来评价人，以加班多少来评价劳动态度，我认为这样的评价有问题。有些人很快就把活儿干完了，而且质量还很高，但是就是不加班。这说明他可能是一个潜力很大的人，可以给他换一个岗位，让他多做一些事，看他是否可以提拔一下发挥更大的价值。我们不能形式主义。因为我们食堂每天晚上9点可以领消夜，因此有员工开玩笑说，"晚上老板请我吃饭"。有人就奇怪，老板怎么会请你吃饭？员工就说："不管我是否真的加班，只要熬到晚上9点，就会有7元钱的消夜拿，难道不是老板请客吗？"

因此，我们不要有太多形式主义的东西，要减轻员工的负担，让员工有更多的时间聚焦工作，要减少会议、减轻考核。

——以上内容摘自任正非在2010年PSST体系干部大会上的发言

管理漫谈

关注真正有用的关键行为

作为一名企业管理者，必须了解哪些是真正有用的行为，哪些是可以让步的次要内容。这就像减肥一样，要想重新变回苗条，就要提前制订计划，把最有用的点列出来。比如：

（1）减少糖分摄入，少吃糖类食品。

（2）增加运动量，计划每天跑步30分钟。

（3）控制热量摄入，保证提供每天身体的最低能量需求。

（4）保证良好的睡眠。

（5）戒烟戒酒。

把这些条目列出来以后，减肥人士就知道每天应该做哪些事了，这些事就是真正有用的关键行为。

不管企业的经营内容是什么，都一定需要一套成熟的管理模式与之相匹配，这套管理模式要把真正有用的关键行为放在第一位，首先明确哪些能做，哪些不能做，这是至关重要的。它代表的是企业的精神以及企业的目标。例如生产类的企业都会标榜"质量第一"，而服务类的企业则会宣称"客户就是上帝"，它们分别把质量和客户当作第一位，实际上表明了自己的价值导向。

第二部分
从企业深层需求入手，激发员工的最大潜能

世界上的企业可以分为三等：一流企业激发员工的潜能，自己培养人才；二流企业不擅长人才培训，用钱吸引人才；三流企业只会提防人才，逼人才外流。如何才能激发员工的潜能呢？关键是要重视员工的作用，并且从制度方面帮他们扫清障碍，让他们能够勇敢地冲锋陷阵，而不是产生后顾之忧。

第六章

人本法则：以人为本，以需求为核心

◇ 如何理解企业"以人为本"的理念？

◇ 企业怎样做才算是以人为本？

◇ 企业文化究竟有什么作用？

◇ 企业如何建立属于自身的企业文化？

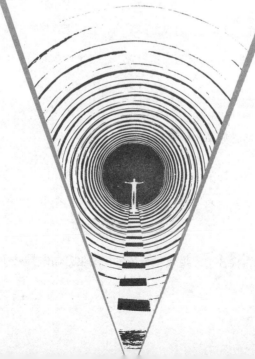

以人为本是深度管理的内在要求

很多老板喜欢抱怨："现在的年轻人怎么不能吃苦了？动不动就要离职，不像以前的人那样可靠了。"针对这个问题，马云的回答很干脆："要么钱给少了，要么心凉了。"仔细一想，确实是这么个道理，现在的年轻人接受过良好的教育，他们把人格尊严看得非常重要，自信"此处不留爷，自有留爷处"。对于尊重的需求已经成为社会的主流声音。

深度管理必须学会尊重员工

以人为本，是中华民族的优良传统。进入现代社会以后，以人为本的思想依然没有过时，被广泛运用于各类企事业单位的运营和管理中。

相比于古代社会，现代社会在保护民生方面做得更好，而现代企业管理则是把流程制度和人的才能结合起来，这两种因素成为支撑企业的关键因素，二者缺一不可。

很多人喜欢强调以人为本，例如"经营要以人为本""管理要以人为本""教育要以人为本""医疗要以人为本"……但是事后证明，这只是一句空话，事实上很少有企业能够做到，或者说企业管理者压根不懂什么叫以人为本。

企业要想留住人，就不要整天想着"画大饼"，这么拙劣的演技已经不能忽悠人了。现在的企业管理更加强调人的价值，强调客户的价值，也强调员工的价值。深度管理需要充分尊重员工，让员工能够昂首挺胸地在公司里行走，这样才能充分提升他们的工作积极性。

人是企业的根本，也是资本

在谈起资本时，很多人的第一反应就是钱，认为"资本=钱"，其实资本包含多种内容。易中天曾经说："'以人为本'有两方面的含义，一方面是以人为根本，另一方面是以人为资本。"

金钱和人才，哪个对公司更重要？现在，人们普遍认为人才更重要，以前是"千军易得，一将难求"，现在成了"千金易得，一将难求"。要获得投资很容易，只要你的项目确实有价值，总会有人看中的，尤其是在中国市场投资这么火热的背景下。一个能干的人才的加入，或许可以使公司迅速崛起，甚至是起死回生。

领导要重视和关心每一位员工

现代社会把人才看作最宝贵的资源，一个优秀的人才，或许可以帮助企业实现逆袭。每一个员工都有其独特的品质，如何走进他们的内心，并且据此制定相应的策略，这是企业领导者应该重视的。

用人之前，先学会识人

一个优秀的企业领导者，最重要的是学会用人，而学会用人的第一步，则是学会识人。辨识人才的能力要从早期开始锻炼，因为等企业规模成长到一定程度后，你就没有时间再去学习了。

很多企业的创始人个人能力很强，为公司立下了丰功伟业，并且带着公司走向了世界巅峰，但是他们一生之中始终在劳累，没有时间仔细地寻找人才，培养接班人。直到他们年迈之时，接班人问题依然没有得到妥善的解决，所以他们不得不支撑下去，但是一个人的精力始终是有限的，对公司的掌控能力也会逐渐下降，反而拖慢了公司前进的步伐。中国很多公司就面临着接班人问题，甚至到了刻不容缓的地步。

妥善用人的四个流程

1. 以人为本，前提是关注员工

在电影中，我们经常可以看到这样的场景：两军交战期间，将领亲自来到前线看望伤兵，使伤兵感动得涕泪交流。美国哈佛大学梅奥教授主持研究的"霍桑效应"告诉我们，一个人备受额外的关注，其工作绩效会迅速提升。人都渴望得到关注，企业管理也是一样，有时领导的一句表扬，就能给员工带来巨大的力量。

2. 领导要亲自了解员工的相关信息

企业领导要对下属员工了如指掌，至少应该掌握以下几方面的信息：

（1）员工的性格是外向的还是内向的，是沉静的还是开朗的。

（2）员工有哪些兴趣。

（3）员工的谈话方式是严肃的还是幽默的。

（4）员工是有远大志向还是胸无大志。

通过这几方面的信息，领导便能够掌握员工的思维模式，更有利于管理。

3. 给出合理的工资，让员工没有后顾之忧

如今商业上的竞争非常激烈，其中一个重要的原因就是用工成本的上升。员工们抱怨工作难找，而企业则在感慨用工荒，说白了，就是工资谈不拢。商业社会是非常现实的，企业要么给出高薪资，要么提供好前程，否则很难对员工产生吸引力。

4. 权责分明，让员工有章可循

企业要有一套清晰的制度和章程，把各种奖惩制度详细列出来，让员工知道什么能做，什么不能做，这样他们就会朝着正确的方向前进。权责分明的企业就像一支纪律严谨的军队，一级一级的指挥清晰而明确，能够发挥强大的战斗力。企业最忌讳的就是权责不分，一切只凭领导个人好恶，这样的制度只会筛选出一群喜欢拍马屁的人，等到危机来临时，没有人会努力对抗，最后领导变成了孤家寡人。

人的特性是想掌权，获取更多的利益。企业可以给权力或权限设计相应的责任体制、薪酬体制来激励与约束，让每个员工都知道创造什么样的价值就获得什么样的回报，真正体现企业与员工双赢。

管理兵法：根据需求制定管理策略

　　了解员工的需要是应用需要层次论对员工进行激励的一个重要前提。人类是非常复杂的动物，不同的人有不同的需求，准确地发掘员工的真实需求，能够建立更牢固的上下级关系。古诗云："岂曰无衣，与子同袍。"亲密的员工关系就像军队中的战友，大家志向相同，愿意为了理想而共同努力。

商战经典

古代战争中的需求管理案例

　　商场如战场，商场中的某些道理，放在战场上一样适用，在对待员工这件事上，二者更是有着惊人的相似之处。比如，领导者必须充分了解下属的需求，并且尽力满足他们，才能得到众人的拥护，这就是所谓的"得人心者得天下"。

楚汉战争时期，刘邦和项羽为争夺天下连年征战。项羽天生神力，勇猛无敌，号称"万人敌"，他率领的军队一度将刘邦的军队打得丢盔弃甲，甚至连老婆孩子都丢下了。就在刘邦屡战屡败之时，韩信从楚营投奔了刘邦。

刘邦向韩信请教，韩信问："大王自己估计，在勇敢、强悍、仁厚、兵力方面与项王相比，谁强？"

刘邦沉默良久，感慨地说："我不如他。"

韩信立即拜了两拜，说："大王说得好啊，足见您有识人之能。不过我曾经侍奉过项王，知道他的性格。项王虽然勇猛，但是刚愎自用，不信任属下。他平时言语温和，亲近下属，有生病的人，心疼得流泪，将自己的食物分给他。但是等到有的人立下战功，该加封晋爵时，他又舍不得了，这就叫妇人之仁。他放纵军队烧杀抢掠，所以遭到了百姓的记恨，别看他现在声势浩大，衰败是迟早的事。"

果然，几年以后，项羽陷入埋伏，十面楚歌，最终输掉了战争。

管理漫谈

马斯洛需求理论和企业管理

美国心理学家亚伯拉罕·马斯洛曾经提出一个理论，他认为人类有五种需求，分别是生理需求、安全需求、社交需求、尊重需求和自我实现需求。这五种需求依次上升，呈金字塔形。

从这个理论出发，我们可以发现，企业管理和人类需求之间有着紧密的联系。由于生活环境的不同，员工会有不同层次的需求，因此人生观也不一样。员工的需求层次越高，就越不容易被满足。

1. 生理需求

生理需求指衣、食、住、行等最基本的需求，这是维持人正常活动的基本要素。对于很多生活在底层的员工来说，画大饼不如涨工资、交社保，他们没有时间等你几十年，不如现在就多加点工资，这是最实际的。如果一个公司连这些最基本的需求都不能满足，整天画大饼，那就不值得追随。

2. 安全需求

安全也是人类的基本追求，当基本的生理需求解决后，员工就开始关注安全层面的问题，包括人身安全、财产安全、职位安全等。例如，谈起去国外出差，很多员工首选欧美发达国家，因为相比非洲、西亚的某些战乱地区，这些地区比较安全、繁荣。当然也有的员工选择去亚非拉地区，他们考虑的是迎接挑战，保障职位安全，况且越混乱的地区，越有可能出现机遇。

3. 社交需求

社交需求指对友谊、爱情及隶属关系的需求。员工希望工作的氛围轻松一点，和同事之间能够聊聊天、谈谈心，不要整天处在高压态势下。对于有社交需求的员工来说，公司不妨偶尔组织一场读书交友会、户外旅游、团体聚餐等。

4. 尊重需求

尊重需求包括对成就或自我价值的个人感觉，也包括他人对自己的认可与尊重满足。任何人都有尊严，遇到不合理的对待，他们或许不会说出来，但是心里肯定不开心。公司要尊重每一个员工、每一份成果，这样才能赢得员工的尊重。

5. 自我实现需求

自我实现需求体现为对人生境界的需求，也是最高层次的需求。此类员工极其看重个人发展，想实现自身的价值，不一定要有高工资，但是一定要能看见希望和未来。

简单来说，让管理有效的前提就是要满足员工的需求，给的足够多，员工才会为公司卖力。所以找准需求阶段很重要，采用不同的激励方式，对症下药，一定能获得好的效果。

第七章

潜能法则：一流企业帮助
员工激发潜能

◇ 激发员工的潜能对公司而言有何意义？

◇ 企业可以通过哪些方式激发员工的潜能？

◇ 企业培训包括哪些内容？

◇ 与国际企业相比，小型零售业培训还有哪

　些地方需要学习？

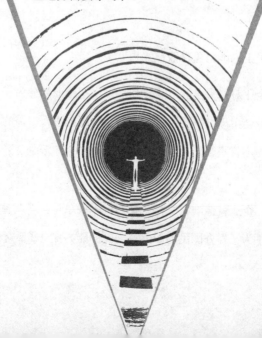

一流的企业和人才共同成长

马云说："管理是一门科学，但领导是一门艺术。什么是老师？什么是大师？老师是要不停地教，大师是挑出最优秀、比自己强的学生。"对于企业而言，培养员工、激发员工的潜能是一项非常重要的战略。

提升员工的能力是件双赢的事

根据企业对待员工的方式，我们可以把企业划分为三个等级：一流的企业会主动培养员工，带领员工一同前进；二流的企业只顾自己前进，不管员工是否得到提升；三流的企业混吃等死，过一天算一天。

其实，企业就像国家一样。我们看国家总是在强调创新，强调教育，就是为了提升国民的能力，国民的能力提升了，才会建设出更加强大的国家。

企业也是一样，那些优秀的企业家都会带领自己的员工一同进步，在培训员工上毫不吝啬。他们很清楚，员工越优秀，企业的道路就越长久。跟着自己时间越长的员工，在老板看来就越可靠，因为他们的感情经过了时间的检验。

很多人不肯这么做，无非担心两点。第一是他们只盯着眼前的利益，看不到提升员工能力能够带来的好处。这一点我们已经解释过了，事实证明，提升员工能力是件双赢的事。第二是人们担心员工的忠诚度，害怕他们离职，所以不愿意在员工身上投资。其实这是混淆了提升员工能力和利益分配不均。改革开放初期，人们担心留学生会一去不复返，当时邓小平这样说："送出去十个留学生，回来一个就是成功。"事实证明，邓小平是完全正确的。

事实上，人们在选择企业的时候，也会看重企业能够给自己带来多大的机遇，这也是为什么很多人宁愿放弃公务员考试，也要出来创业的原因。

良好的环境是培养潜能的温床

企业要为员工的发展提供良好的环境，除了工作的环境，还应该包括学习的环境。公司在快速发展的同时，员工却在不断抱怨压力太大，除了要处理烦琐的工作外，还要处理与上司、同事之间的关系，这显然是不利于激发潜能的。

　　现在很多企业已经意识到了这个问题，它们会主动改善工作环境，提高员工的满意度。例如有的公司会设置休息区，在休息区摆放零食、咖啡等，有的甚至还有健身房，当员工感到疲倦时，就可以在休息区享用美食或者锻炼身体。即便是长期加班的工厂厂房内，老板也会尽量改善工作环境，提供饮水、休息区等。

　　现在的商业氛围更加趋于理性，员工们不再像奴隶一样逆来顺受，而是主动争取属于自身的利益。员工们希望领导能够辅导他们、支持他们，在提升公司业绩的同时，他们也希望公司能够帮助自己实现目标。只有更高水平的领导者，才会明白激发员工潜能的重要性，也只有他们懂得如何激发员工的潜能。

激发员工潜能的三种方式

企业要不断地发展，否则就是逆水行舟，不进则退。在全球竞争白热化的今天，资源变得越发稀缺，客户的要求却日益提高，你需要激发员工的潜能，让他们开足马力，才能在市场中站稳脚跟。一般而言，企业会从以下三个方面着手激发员工的潜能。

1. 用思维训练提升员工的潜能

思维能力是最能决定个人前途的。对于员工而言，进行思维训练就像是帮助他们打开了一扇新世界的大门。

A和B是同班同学，两个人的成绩相差不大，都很聪明。A曾经参加过许多校内活动，B则整天待在寝室里。后来，他们俩进了同一家公司，做着同样的工作。按说他们的起点几乎是相同的，取得的成就也应该是相近的。但是过了一段时间之后，我们发现A的进步速度远远超过B，为什么会出现这种情况呢？其实原因很简单，A在校园里参加活动的经历，给了他更多的办事经验，他的思维模式更贴合实际。A很善于与同事进行沟通，而B可能完全不想开口。由此可见，思维模式对一个人的影响有多大。

公司之所以设置那么多的工序及规章制度，其中一个目的就是训练员工的思维模式，让员工能够把握住企业运转的脉搏，避免遇到阻碍。因此，现代企业在某些思维模式上基本是相通的，例如积极做事、赏罚分明、合作共赢等。假如在工作之前就已经建立了这些思维模式，我们就可以在企业内如鱼得水，激发潜能也就顺理成章了。

2. 用激励诱导员工的潜能

激励员工是有技巧的，做得好可以激发员工的热情，做得不好就成了"画大饼"和"心灵鸡汤"。中间的区别在哪呢？其实很简单，就是看实际效果。要么升职，要么加薪，要么学到新东西。

比如说，老板在开大会的时候告诉员工："只要好好干，年底就能拿到年终奖。"员工相信了，于是热火朝天地努力工作，结果到了年底，老板只给了200元钱的红包。这就是"画大饼"，说白了就是忽悠人，没有实际意义。经过这次事件之后，员工们再也不会相信老板，工作的积极性也降低了。

假如到了年底，老板果然发了丰厚的奖励，那么这次激励就是确确实实存在的。有了这次奖励，接下来员工更会将这股热情一直保持下去，更快地激发潜能。

其实，这就是在考验领导人的心胸和气度。身为公司的领导，最好不要食言而肥，你应该把你有限的精力用于为公司"开疆拓土"上，而不是跟员工争利。否则，你就会像很多企业家一样，把自己的员工一个个逼走。到时候他们往往还会反问一句："为什么现在的年轻人一点都不忠诚呢？"

3. 给员工设置新的挑战

领导有时会在正常工作之外安排一些其他的工作，这些工作可能会超出员工的能力。聪明的员工这时就会知道，这是领导在有意栽培他。

任何人都有一个学习的过程，毕竟没有谁天生就会做事情。设置这些新的挑战，就是为了把员工从原本舒适的环境中拎出来，故意给他们制造困难，让他们学会克服困难，迅速提升能力。困难就好比磨刀石，在它的磨砺下，员工更容易释放出自己的潜能。

如果你想激发员工的潜能，让他们更快地成长，不妨试试这个方法。不过在使用这个方法的过程中，也要避免出现揠苗助长式的错误。逐步提升难度，让他们循序渐进地成长，这才是最科学的做法。

管理兵法：想让员工提升能力，先把培训做到位

实施人力资源管理的过程，是一个不断满足企业需求的过程，它是动态的，是与时俱进的。培训员工是企业的重要工作，通过少量的资金投入，换来的是能力更强的员工。对于企业而言，这是一本万利的买卖。

商战经典

沃尔玛的人才培训计划

沃尔玛是世界上首屈一指的零售商，它们管理员工的方式十分严格，但是态度上又十分温和。这与很多小型零售商形成了鲜明的对比。小型零售商的问题在于，它们管理员工的水平非常粗糙，而且态度很恶劣。

说到底，零售业的竞争，就是对人才的竞争。

沃尔玛十分重视对员工的培训，它们把员工看作公司的生意伙伴，并且建立了一系列完善的选拔与培养制度。《财富》杂志评价它"通过培训方面花大钱和提升内部员工而赢得雇员的忠诚和热情，管理人员中有60%的人是从小时工做起的"。沃尔玛的经营者在不断探索的过程中，领悟到人才对企业成功的重要性，对人才的教育和培训，是提高人才素质的重要渠道，人才素质得到了提高，公司才会有发展的机会。沃尔玛公司把如何培养人才、引进人才以及对既有人才的培训看成一项首要任务。

沃尔玛的培训制度相当完善，这一点非常值得我们参考。它们的培训方式五花八门，有入职培训、技术培训、工作岗位培训、海外培训等。在工作态度及办事能力上有突出表现的员工，会被挑选去参加横向培训。为了让员工不断进步，公司提供大量的培训课程，给员工实现自我价值的机会。公司领导岗位还设立了管理人员培训课程，符合条件的员工会被派往其他部门接受业务及管理上的培训。

管理漫谈

企业培训的作用

通过长时间的培训，员工可以对本行业有更加清晰的认识。培训使员工的知识、技能与态度明显得到提高与改善，由此提高企业效益，获得竞争优势。企业培训的作用具体体现在以下方面：

1. 提高了员工的工作能力

最常见的培训，通常是以技能培训为主，企业甚至不需要从外界聘请专员，只需要建立规律的培训制度。例如，规定每周五下午为培训时间，由组长负责，给一线员工普及知识要点，顺便讲解这一周来的总结，明确未来工作的注意事项。这种培训既省时，又省力，效果也很好，不仅提高了员工的工作能力，也为员工提供了更多晋升和较高收入的机会。

2. 优化管理系统，提高工作效率

企业在由小变大的过程中，需要对自身的管理系统不断地进行更新升级，如何才能实现管理上的更新升级呢？最简单的办法就是对员工进行培训，让员工获得更深入的管理知识培训，建立更高效的工作系统。

在21世纪，科学技术的发展导致员工技能和工作角色的变化，今天的员工不能只是单纯地接受工作任务，提供辅助性工作，而是要参与提高产品与服务的团队活动。在团队工作系统中，员工扮演着许多管理性质的工作角色。通过培训，让员工学习使用管理工具，主动纳入管理体系中，可使企业工作绩效系统高效运转。

第八章

盖子法则：管理层的水平
决定了企业的上限

◇ 企业的管理层有哪些作用？

◇ 管理人员为何能够决定企业的上限？

◇ 挑选管理人员时，应当遵循哪几个原则？

◇ 挑选管理人员时，应当看重实践还是理论？

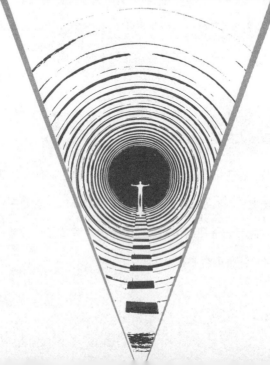

管理层是企业战略的执行者

在一家大企业中，我们会发现一名优秀的管理人员能够发挥巨大的作用，他就像一员先锋大将一样，只要他出场，一切问题都能迎刃而解。以前人们总说"千金易得，一将难求"，现在是"千金易得，人才难求"。建立一支优秀的管理层团队，需要企业领导耗费大量的心力。这是他亲手调教出来的队伍，因而也是战斗力最强的队伍。

中层管理人员是企业的中流砥柱

人们通常把企业人员划分为三个层面，最上层的是决策层，中间的是管理层（执行层），而最下层的是操作层。管理层是企业的中层人员，他们的责任是帮助企业上层人员完成具体任务，同时指导下层人员，让整个企业有序运转。

中层管理者是一个承上启下的关键岗位，对于企业而言非常重要，它就像酒瓶的盖子，决定了整个酒瓶的最高点。

中层管理人员对底层员工的影响是非常大的，底层员工或许是看中了企业的形象和企业家的个人魅力，才决定到企业上班的，但是他们每天要面对的是一个个中层管理者，对中层管理者的感觉将直接决定其每日的工作状态。如果中层管理者出现问题，整个公司的发展都会受到影响。

如果把企业比喻成一棵大树，那么决策层就可以被看成是树根，管理层就像是树干，而操作层则是树叶。管理层是企业的骨干力量，如果管理层的力量薄弱，就很难保证公司能够顺利地发展下去。就像树干一样，如果树干出现了损伤，大树就会不正，大风一吹，或许就会轰然倒下。

中层管理者在企业中的作用

中层管理者在企业中的作用，可以从以下几个方面进行探讨。

1. 负责上、下层的沟通和交流

中层管理者处于上层和下层之间，而决策层和一线工作者平时是没有机会联系的，全靠中层管理者传递双方的信息。中层管理者收到决策层的指示以后，要将这些信息传递下去，并且落实到位。但是相对于一线工作者而言，中层管理人员又成了知识丰富的领导，所以中层管理者还要负责指导员工的工作，一旦出现问题，还要想办法去解决。从这一点来说，中层管理者起到了传声筒的作用。

2. 中层管理者负责制定具体的战术决策

企业顶层人士负责制定战略方向，而中层管理者负责制定具体的战术决策，从而推进战略的顺利进行。对于中层管理者来说，他们要向企业领导负责，这是他们的顶头上司，做不好就会被淘汰。哪怕遇到再大的困难，他们也要咬着牙坚持下去，通过有效的战术决策，帮助企业走得更远。如何有效发挥中层管理者的这一作用，提高他们的执行能力，已经成为关系到企业成败的关键性问题。

一般而言，企业家没有精力去认识每一位员工，所以他们只能把精力放在中层管理者身上，通过指令的传达，让一系列决策能够得到推行。可见，中层管理者对于企业有多么重要。

管理人员要建立个人权威

管理人员的身上担负着重要的责任，他们需要得到下属的认可，方能在工作中得心应手。那么如何才能得到下属的认可呢？最基本的方法就是建立个人权威。

正如电影《蜘蛛侠》中所说："能力越大，责任越大。"真正的权威是让人心服口服。一个人要想建立个人权威，光有能力还不够，还要担负起应有的责任，在团队中建立属于自己的权威。

有群众基础，才有相对应的权威

在企业中，管理者确实拥有比普通员工更大的权力，但这并不代表他们就可以建立权威。权威来自人心，当一个人受到公司所有人的尊敬，甚至连同行也对他非常重视的时候，他自然会在公司里建立极高的权威，他所说的每一句话都有极大的分量。所以说，管理者一定要明白，有了群众基础，受到了群众的认可，才能建立相应的个人权威。

从某种意义上来说，权威就像一种无形的秩序，也像一种潜意识中的交流系统。如果管理者发出的指示得到下属的执行，在下属身上就体现了管理者的权威；同样的道理，如果下属违抗命令，也就说明他否定了这种权威。因此，管理者是否具有权威性，检验的根本标准是接受其指示的下属，而不是发布指示的管理人员。一些管理者之所以不能在组织内部树立自己的权威，就是因为他们不能建立起这种体现权威的秩序。如果公司里大多数人都不认可他，那么他的权威就不复存在了，以后他要在公司里做任何事都会十分艰难。

刚柔并济更容易树立权威

一般来说，管理人员要想在公司里树立权威，最好用刚柔并济的方法，该严厉的时候严厉，该宽容的时候宽容。

1. 下达命令时要清晰、明确

管理层拥有更大的权力，这种权力靠说一不二的果敢和坚毅体现。管理者无论下什么命令，都应该想清楚以后再说，一旦决定了，就要毫不犹豫地说出来。此外，还要表达清楚，让下属能够明明白白地理解管理者的指示，无法理解的指示不具有权威性。

2. 管理者要以身作则

管理者要带头做榜样，发出去的命令，首先要自己能做到。如果连自己都做不到，却还要逼着下属去做，又怎么能够服人呢？子曰："其身正，不令而行；其身不正，虽令不从。"就是说，当管理者自身端正时，就能在无形中产生权威，不用下命令，就能让下属跟着行动起来；相反，如果管理者自己都做不到，就会丧失权威，就算下死命令，下属也不会服气的。

3. 多用说服教育，少点斥责和辱骂

管理者或许能在公共场合大谈"爱兵如子"，但是真正能做到的没有几个。战国时期的名将吴起，总是与士卒同甘共苦，深受士兵拥戴。有一次，一个士兵身上长了脓疮，吴起亲自用嘴为士兵吸吮脓血，令全军上下感动不已，士气大涨。所以说，管理员工要多些关怀，多点爱心，有问题要说服教育，而不是一味地训斥，这样可以让下属产生亲近感，同时使管理者在无形之中建立自己的权威。

管理兵法：管理者必须经过实践的洗礼

　　企业发展到一定程度之后，建设管理团队就成了顺理成章的事。如果不是置身于一个拥有良好管理团队中的企业，那么任何人都无法发挥最大的效用。然而，寻找合适的管理人员可不是件容易的事，这需要付出巨大的精力。

商战经典

陆奇与百度的短暂浮沉

　　2016年的血友病吧被卖事件及魏泽西事件，几乎将百度推入万劫不复之地。曾经给百度带来巨大利润的医药竞价模式，最终露出了狰狞的面目，让百度吞下了苦果。

　　就在百度动荡不安之时，陆奇宣布加入百度，担任百度集团总裁兼首席运营官，主要负责百度的产品、技术、销售及市场运营。

说起陆奇，可能很多人并不了解。翻开他的履历，我们会发现他绝非籍籍无名，而是像他的名字一样，充满了传奇色彩。陆奇，毕业于复旦大学，获计算机科学学士、硕士学位，此后就读于卡内基梅隆大学，获计算机科学博士学位。1998年，陆奇进入雅虎，成为一名普通工程师，2007年成为雅虎执行副总裁。2008年12月，加盟微软任执行副总裁，担任微软Bing项目的负责人，这曾是大陆华人在全球科技公司总部所任职位的最高级别。

陆奇的加入，似乎给了百度一丝复兴的曙光。中国最好的"海归"管理者，与家大业大却又深陷舆论危机的百度，可谓强强联合，被李彦宏寄予厚望。可是就在执掌百度16个月后，陆奇却匆匆"弃船"，以"个人和家庭原因"，与百度分道扬镳。

关于陆奇的离开，坊间有众多猜测，众说纷纭之下，无法掩盖的却是一个尴尬的事实：全世界最好的高管和全中国曾经最负盛名的企业，并没有走到最后。美好的愿景，最终也没有敌得过现实。

管理漫谈

管理者要从实践中来

企业需要干部，需要大量的管理层人员，这些管理人员从哪里来？现实早已给出了答案，那就是从实践中来。有的人认为，挑选管理者一定要以能力为准绳，碰到能力强的人，就应该花重金请回来。然而这种做法并不总是有效的，有些管理人员能力确实很强，公司的实力也不容小觑，但是他们之间的结合达不到理想的效果，很多时候只能草草收场，甚至是分道扬镳。

挑选一名合格的管理人员，必须将他放在实践当中，看看他究竟能够发挥多大的能量。从其他企业引进人才，固然比企业自主培养人才来得容易，但是这也要看企业能否正确地使用人才。这就像吃东西一样，贪多难消化。很多时候，企业明明没有那个能力，却还是坚持从外部引进人才，最终可能会草草收场。如果我们把他安排到领导岗位上，他那个指挥系统可能就会乱得一塌糊涂。

因此，现在的公司都会给管理人员一段时间的适应期，在适应时间内，让管理人员亲自了解企业的具体情况，摸准企业的脉搏，这样才能在接下来的工作中发挥应有的水平。

第九章
选贤法则：让合适的人坐在
合适的位置上

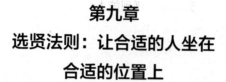

◇ 在选拔人才时，应该更看重才能，还是更看重品德?

◇ 企业如何做，才能留住人才?

◇ 考核管理人员时需要考虑哪些因素?

◇ 考核管理人员与考核普通员工有哪些不同点?

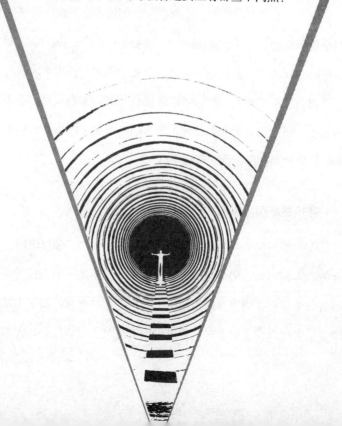

慧眼识英雄是企业家的首要技能

　　一个企业要提升实力，重点在于优化管理，而优化管理的关键则是选贤任能，慧眼识英雄。一个成功的企业家，不一定需要多么突出的专业能力，但是他一定是一个善于识才、长于求才的人。要造就出类拔萃的企业，就必须本着求贤若渴、诚心诚意、唯才是举的态度，千方百计为企业发现、培养和寻求急需的人才。其中更重要的是发现和任用企业内部的人才。

考核要兼顾才能和品德

　　人才考核在企业管理中占据极为重要的地位，通过考核，把不合适的人剔出去，把合适的人才引进来。把不能承担责任、不敢承担责任的管理者调整到操作岗位上去；把明哲保身或技能不足的管理者从管理岗位上换下来；要去除论资排辈，把责任心、能力、品德以及人际沟通能力、团队组织协调能力等作为选拔干部的导向。管理最怕的是被平庸的员工绑架，而优秀的员工却不断流失。如果真出现这种情况，而企业领导又不采取措施的话，恐怕企业很快就要走到尽头了。

在做考核时，要看重才能，也要看重品德。德才兼备的人当然是最佳选择，这样的人有很强的能力，能够发挥出极大的作用，又能保持对企业的忠诚，具有崇高的职业道德，不会做出对企业不利的事情。不过，不是所有人都是德才兼备的人。

有的人很有才华，但是品德上有瑕疵。这样的人可以用，但是要给他压任务，还要加强对他的监督，不给他犯错的机会，时间久了，他也会成为整个集团的核心骨干。

有的人才华不出众，业绩不突出，但是他的德行很好，无论对公司还是对老板都非常忠诚。对于这样的人，要根据他的才能安排工作岗位，并多花点时间培养。

也有这样一种人，他们既没有能力，又没有道德感，这样的人哪个公司都不会喜欢。

选出了人才，还要留住人才

有人说，发现人才不容易，留住人才更艰难。公司发现了一个好苗子，要花很长时间，才能将其培养成一个适合公司的人才，假如没有留住人才，那么之前所做的一切努力就都白费了，公司还要用一段时间去找替代人选，并且可能要花费更长的时间去培养他。所以，对于能力突出的人，公司一般是不想随意更换的。

要留住人才，就要留住人心，要从感情上入手。有的领导没有远见，用得着时是一种态度，用不着时又是另一种态度，几次以后，谁也留不住，员工全走了。留人才就必须坚持以人为本，始终如一地尊重人才。要有爱才之心，要尊重人才，让他们有归属感，把公司打造成一个共同拼搏的大集体。

先讲感情，再给予丰厚的回报，这是维护感情的通行做法。不能要求人才只讲奉献，不求回报，但是也不能时刻把利益放在第一位，而把感情看作可有可无的东西。

从多个层面考核管理层人员

判断一个人能否担任管理层人员，要从多个方面进行考核，不仅要看他们的专业水平能否担当管理者岗位，还要看他们的情商、智商等方面的素质。所以，要针对管理人员绩效考核的工作特性进行系统的分析，并把握不同层次管理者的业绩特点，才能拟订合理的考核计划。

考核管理人员的四大能力

中层管理者是公司的中流砥柱，是直接负责管理的人员，在评价中层管理人员时，要从多个方面进行考查。以往的公司大多只关心管理人员的专业能力，至于其他方面则缺乏清晰的意见。

深度管理的要求非常明确，除了专业水平以外，还要看他们是否具备以下四种能力。

1. 智商能力

智商能力，也是我们所说的智力水平。如何才能判断一个人的智力水平呢？我们可以通过学习速度和逻辑思维进行判断。如果一个人的学习速度很快，远远超过普通人，那么他的智力水平肯定不低，因为这代表了他能够在短时间内接受新知识。对于中层管理人员来说，卓越的学习能力代表了更强的可塑性，而逻辑思维则有助于提高管理者实际工作行为的有效性。

2. 规划能力

规划能力体现了管理人员调配资源、协调部门合作的能力，这是完成任务的必备能力。规划能力要求人们能够把控全局，透过事情的表面看透其本质，并且合理安排步骤和资源。中层管理者应该具有达成本部门工作目标的规划能力。在实际工作中，很多事情在行动之前不可能进行100%的充分准备，这就需要中层管理者能够在有很多不确定因素存在的情况下，对环境进行客观、正确的判断，并采取积极的行动。比如说一个工厂里的部门经理，他的规划能力表现在哪里呢？就是看他能不能把任务清晰地安排到每一个员工身上，还要跟其他部门的负责人联系，通报任务的进程，一旦出现问题，还要联系相关人员共同解决。

3. 人际交往能力

管理需要沟通，你要和下属沟通，了解工作中存在哪些问题，还要和上级沟通，了解接下来的战略方向。不论是对哪一级的沟通，都是非常重要的。

4. 自我控制能力

中层管理者需要有强大的自我控制能力，否则就不能胜任这份工作。设想一下，一个部门经理在和客户谈判的时候，突然控制不住自己的情绪，和客户吵了起来，这是一件多么丢人的事情。自我控制能力体现了一个人的生活习惯和工作习惯。自控能力差的人，平时的生活肯定也是一团糟，在遇到困难时，我们很难相信他能发挥积极作用。

情绪不稳定的人不适合担任管理者

在公司里面，每个人都像一个零件，各司其职，共同发挥作用。有时，一个人的错误，会给整个企业带来损失。显然，情绪不稳定会使损失更容易出现，而这样的人绝对不适合担任管理者。

情绪不稳定就像人生路上的拦路虎，它会导致工作效率低下，因为管理活动始终离不开人，当被管理者受到管理者情绪化的干扰和影响时，就会工作懈怠，并加速员工流动，进而影响企业的健康发展。情绪化的人不但不适合做管理，即使走向管理岗位也无法做好管理，反而会导致组织混乱，成为组织发展的障碍。

所以说，情绪不稳定的人绝对不适合担任管理工作。团队效率是衡量一个管理者能力与水平的重要标准，没有效率的团队就会失去存在的意义。而管理者情绪化犹如坏苹果原理一样，不但不利于企业组织的发展，而且会成为企业组织发展的障碍。所以，管理者要做好管理，就必须克制自己的情绪，要不断提升自己的素质修养，不论是对自己负责还是对组织负责，都要杜绝把情绪带到管理活动之中。

管理兵法：考核员工要以结果为导向

如何评价一个人到底是不是合格的员工？合格的员工就是每天发自内心地做事，做事有责任、有思路、有条理，知道公司的事做好了受益的是自己，同时真心为公司操心的人。评价员工最简单的办法就是建立考核制度，而考核应该有明确的标准。考核员工应以结果为导向，以过程为重要参考。

商战经典

马云谈选择人才

作为中国最具传奇色彩的成功人士，马云把阿里巴巴从一家小公司发展成全球知名的企业，其间经历了无数风风雨雨。在考核员工方面，马云有着一套独特的标准。在2004年接受媒体采访时，马云曾经这样说：

"现在有的人把阿里巴巴看得很高深，其实我们的门槛并不高。我们需要的人才：一要讲诚信，二要有学习的能力、好学的精神，三要有拥抱变化的能力，四要乐观上进。只要具备这四方面的素质，我们都要。

"在培养人才方面，我们的主要方式是'请进来、送出去'。今年我们引进了30多位高层次人才。如微软中国的人事总裁、金山的CTO等。送出去就是与一些MBA学校和培训班建立合作，把员工送出去学习。

"阿里巴巴在员工培训、干部培训上面的投入是很大的。我想与其把钱放在银行，不如把钱放在员工身上。一个公司要成长，主要取决于两样东西的成长：一是员工的成长，一是客户的成长。我们自己成立了阿里学院，主要目的也是培训员工，培训客户。

"另外，我们还有轮岗制度。昨天公司刚发出通知，20几个经理全国城市大调动。让他们调换眼光，这也是培育拥抱变化的能力。"

而在很多老板抱怨员工喜欢辞职时，马云却提出了不同的看法，他说："人走的原因无非就两点，钱给少了，受委屈了。"他还说，要留住人才，方法很简单，就是涨工资。同时他还强调，要在员工提出要求之前涨工资，而不要在员工提出后被动地涨。

管理漫谈

考核要看功劳，而不是苦劳

在现实生活中，我们经常能够听到别人说："我就算没有功劳，也有苦劳。"当别人这么说的时候，往往代表一件事——他们对考核的结果很不满意。然而企业存在的目的就是获取利益，所以考核的时候理应以功劳为准，多（功）劳多得，少（功）劳少得，无（功）劳不得。至于劳动量，只能说明他的态度还不错，不能用来计算考核结果，否则就是对其他员工不公平。赏罚分明是企业最起码的要求。

在中央电视台《赢在中国》的节目上，史玉柱曾经问一个选手："如果你是老板，你有一个项目，分别由两个团队实施，年底的时候，第一个团队完成了任务，拿到了事先约定的高额奖金，另一个团队没有完成任务，但他们很辛苦，大家都很拼，都尽了力了，只是没有完成任务，你会奖励这个团队吗？"

那位选手说："因为他们太辛苦了，我得鼓励他们这种勤奋的精神，奖励他们奖金的20%。"

但是史玉柱说："我不会给，但我会在发年终奖的当天请他们撮一顿。功劳对公司才有贡献，苦劳对公司的贡献是零，我只奖励功劳，不奖励苦劳。"

相比之下，史玉柱的做法就非常聪明。他不给奖励，为的是维护公司的制度，以免给其他员工造成"不努力也有钱拿"的错觉，也不会让努力的员工感到寒心。但是他又不会一点儿利益也不给，他选择在私下里请员工吃饭，用自己的行为安慰员工，而不是太绝情。

第三部分
建设高效组织，打造随时能战斗的团队

一家公司的业绩如何，关键是看管理的水平，优秀的管理可以把员工们变成一支纪律严明的军队，工作效率极高。而深度管理要求团队更上一层楼，要求团队进行自我管理，为自己负责。这样，当危险来袭时，团队才可以彼此配合，在最短的时间内做出反应，随时随地都能投入战斗。

第十章
横山法则：自我管理的团队
才是好团队

◇ 企业应该树立怎样的价值观？

◇ 价值观如何影响团队的自我管理？

◇ 如何挑选队员，才能组建合适的互补型团队？

◇ 为了实现自我管理，企业需要什么样的内部
环境？

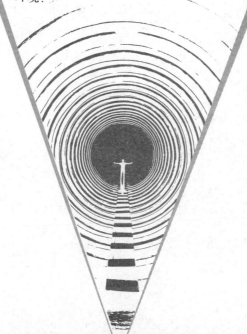

横山法则——让团队自我管理

日本社会学家横山宁夫认为，让员工自发地工作，是最能提升业绩的，这种观点被称为横山法则。从管理的角度来说，横山法则正是深度管理的一种体现。

深度管理强调的是让企业"活"过来，成为一个配合紧密的共同体，而要实现这一点，就要让团队内部没有隔阂，实现自我管理。

用价值观引导团队进行自我管理

以往的管理强调约束，告诉员工什么不可以做，但是谁也不能保证百分百奏效。实际上，在高压管理下，员工会感到非常疲倦，因为他们是被动地遵守规矩，而不是自愿的。如果员工的积极性未能充分调动起来，那么团队的战斗力就会降低，出现1+1＜2的情况。通常大企业里最容易出现这种情况，因为大企业里更强调纪律，员工之间没有亲情和友情可言，各人自扫门前雪，不管他人瓦上霜。聪明的领导者要懂得在"尊重"和"激励"上下功夫，了解员工的需要，激起员工对企业和自己工作的认同，让他们从消极服从变为积极配合，实现员工的自我管理。

横山法则就是为了解决这一问题而提出的，它提倡团队的自我管理。要实现团队的自我管理，必须摒弃以往只靠惩罚的管理模式，把眼光放在价值观上。每个人在不同的环境下都有着自己的价值定位，唯有道德标准是一种不折不扣的价值体系，在一种组织下它是有效的道德行为，在另一种组织中也是有效的。当团队内部形成了统一的价值观时，战斗力将会成倍提升。

优秀的企业价值观，必定是积极向上的，强调共同努力，共同前进，而不是互相争斗，互相提防。在和平时期，企业价值观的体现不明显，一旦企业遇到困难，价值观的重要性就体现出来了。当团队情绪低落时，每个人都在考虑到底是要放弃还是要继续，价值观就起到了决定性的作用。

促进自我管理的五大核心价值观

要想促进团队进行自我管理，必须建立稳固的价值观，用价值观将员工们的心紧紧地连接在一起。给他们以尊重，营造愉快的工作氛围。做到了这些，员工自然就和公司融为一体了，也就达到了自我管理的目的。

1. 求真务实，拒绝虚假

团队要以结果为导向，容不得虚假，因为市场不会给你弄虚作假的机会。谁的能力强，谁拿的薪水就高，有功就要赏，有过就要罚。如果在团队内部弄虚作假，团队迟早会散架。

2. 积极进取的心态

团队内部应该树立一种积极进取的心态，用这种心态建立一支战斗力强悍的队伍。在这种心态的影响下，所有人都会不由自主地积极起来，他们会主动提高对自我的要求，只要是对企业有益的事情，都能得到推广。

3. 鼓励创新的精神

创新就是打破常规，不囿于以往的经验，敢于在前进的道路上尝试。很多企业虽然喊着要创新，但是在实际工作中总是无底线地压榨员工，动不动就处罚，根本不给员工创新的机会。如果继续这种做法，团队自我管理是很难成功的。

4. 合作共赢的思考方式

团队内部最忌讳的就是对抗性心理，企业领导者应该尽力消除员工之间的隔阂。共同合作取得了成果，就给予公平合理的奖励；因为彼此不合作而造成了损失，就通通予以处罚，并且强烈批评，把这条底线告诉所有员工。

5. 鼓励分享的工作态度

只要是一个团队内的人，就应该多进行分享。无论是工作中的知识，还是生活中的快乐，都应该在一起分享。分享可以拉近同事之间的距离，形成类似于战友的心理，这对团队而言是无价之宝，再没有什么团队的合作能力可以与生死相依的军队相媲美了。

组建互补型团队，增进自我管理

　　最好的团队应该是互补型的，团队里的每一个队员都很聪明、能干，但也都有缺点，同时他们又能从彼此身上学习弥补缺点的方法。互补型的团队更便于管理，在这种团队里，员工们的性格和能力都可以得到补充，他们在互相学习中进步。

互补型团队更易形成自我管理

　　说起团队，人们的脑海中总是习惯于勾勒出这样一幅画面：在这个队伍中，所有的员工都是一等一的高手，每一个人都可以独当一面。但是事实证明，这种想法完全不具备可行性。要把世界上最优秀的人才聚集在一个团队里几乎是件不可能的事，更不用说让他们低下高傲的头颅，互相合作了。试想一下，都是最优秀的人才，谁能服谁呢？所以说，完美团队绝对不会以这种形式出现。

举个例子，《西游记》中的取经队伍就是互补型的团队。这个队伍中的每个人都有优点，而且特色非常鲜明，但是他们都不是完美无缺的。唐僧是个好领导，对自己的目标非常执着，但是性格懦弱，而且肉眼凡胎，容易被妖怪欺骗；孙悟空很勤奋，能力高超，但是很自以为是，性格很要强；猪八戒拥有积极乐观的态度，但是非常懒惰，动不动就想散伙回高老庄；沙僧脚踏实地、忠厚老实，但是能力一般。这四个人合在一起，就组成了一个互补型的团队，遇到任何困难，都能凭借队员的能力将其解决，而不是解散团队，半路回家。

你的团队中可能没有能力超强的队友，他们有各种各样的缺点，或许就像唐僧师徒四人一样，各有各的缺点。有缺点不可怕，只要能够保持交流，互相学习，就能一起进步，在战斗中建立深厚的友谊。这正是大多数团队的现状——将个性不相配的人组合在一起。你面临的问题是如何创造和谐，组建一支互补的团队，而不是所谓完美的团队。

检验团队互补性的三条标准

互补型团队有很多好处，那么如何检验一支队伍是否有可能成为互补型团队呢？在实际工作中，我经过长时间的总结，逐渐得出以下三条标准，只要符合这三条标准，就有可能成为一支互补型团队。

1. 员工的能力要符合岗位的基本需求

无论在哪个团队，做的是什么工作，员工的个人能力永远是首要因素。员工的个人能力需要符合岗位的基本需求，比如学历、工作经验、年龄限制等。达到了基本需求，才谈得上继续发展，否则就是给团队拖后腿，也谈不上团队互补了。

2. 员工要有同理心，并且要有互相学习的愿望

一个人能力不强不可怕，可怕的是自高自傲，不愿意学习，也不能体谅队友的难处。这样的员工就像一只刺猬，没有人能靠近他们，只要试图靠近，就会受到伤害。所以，员工的积极性不仅表现在做事能力上，还表现在性格上。

3. 员工的性格要具有互补性

性格完全相同的人不具备互补性，如果各方面条件完全相同，也就没有互补的必要和可能了。每种性格的人在工作中都有发挥自己特长的用武之地，比如：性格内向的人沉着稳重、善于倾听，有利于稳定团队的感情；而性格外向的人主动积极、善于交际，有助于激发团队的进取心。对于管理者而言，当手下大多是被动驱使型员工的时候，外向型的管理者更能激发出团队的斗志和上进心；当手下都是积极拓展型的员工时，更需要一名内向的管理者来综合大家的思路和想法。

管理兵法：让团队真正对自我管理上心

最有效并持续不断的管理不是强制进行的，而是触发个人内在的主观能动性，让他们主动迎接挑战，不用别人吩咐，就会把某些问题解决掉。由此说来，高效的管理是触发被管理者进行自我管理。自我管理不是说说就行了，管理者必须引导下属真正养成自我管理的意识和习惯，让团队真正对管理产生兴趣。

商战经典

微软的自我管理

在企业界，微软独特的管理方式向来为人所津津乐道。微软的工作方式可以用一句话来总结："给你一个抽象的任务，你要具体地完成。"至于工作过程中的事务，几乎全靠微软的员工自己决定。

就如同要测试一件产品，却没有硬性规定测试的程序和步骤，要完全根据自己对产品的理解，考虑产品的设计和用户的使用习惯等来发现新的问题。微软公司的企业文化强调充分发挥人的主动性，一切都要靠自己去做。这样，员工就能发挥最大的主动性，设计出最满意的产品。这种管理方式给微软的形象大大加分。

在日常工作中，微软给员工提供了极大的自由，让他们的聪明才智有足够的发挥空间，这种管理模式受到众多员工的喜爱。这样的管理方式，让每一个员工都感到自己的积极性被激发了，他们制作出的东西往往也会带来极大的惊喜。这就是微软的工作理念。

在微软创立之初，比尔·盖茨就已经有了这样的管理理念，因为他招聘的员工都是各大名校的学生，这些高素质人群通常有极高的责任心和自我管理意识，他们不需要别人盯着，只要给他们足够的空间和资源，他们就会主动完成任务。正是这种公平和富有挑战性的工作环境，促成了微软员工巨大的工作热情，这种热情就是管理员工的最佳方式。在微软，员工基本上都是自己管理自己。无须多言，正是这种触发员工个人内在的自发控制和管理，使得微软始终保持高速运转的势头，占据着最有利的竞争位置。

事实上，像微软一样采取自我管理的企业还有很多。有的公司甚至比微软还宽松，连员工的工作时间也交给员工自己调配。我国的很多公司也开始转变管理理念，它们开始注重员工的工作环境，为员工在公司里配备了休息、健身、游戏等空间，员工可以自由地选择放松的方式。

其实，这种宽松得近乎放纵的管理方式，是一种非常高效的管理方式。因为对于企业来说，任何管理方式的存在，都是为了让员工能够以放松的心态和饱满的热情来工作。只要能够达到这样的效果，管理就是成功的。

管理漫谈

为自我管理创造环境

自我管理显然不是放纵管理，也需要制度做保障。如果不提前约法三章，再好的团队也会变质。那么，自我管理需要什么样的企业环境呢？

1. 给员工制定正面的激励政策

要让员工明白，让他们进行自我管理是企业对他们的信任，只要做得好，就一定会有收获。现在企业迎来了一大批90后、00后，这些年轻员工们的思维非常活跃，自我意识较强，推崇个人尊严和自我价值，这和推崇领导说一不二的军队式管理理念格格不入。管理者不妨曲线作战，主动放低身姿，多给他们一点信任，多给一点激励，多引导、多沟通。通过正面激励，不仅可以强化员工的工作热情和自信心，还能够让员工快速认可和融入团队，真正实现自我管理。

2. 用标准化建设支撑自我管理

让员工自我管理的同时，领导也要负责引导他们，要把需要注意的事项明确地告知他们，比如薪资标准、职责标准、工作规范等。没有明确的标准，就谈不上自我管理。其实这就是约法三章，告诉他们哪些是不能触碰的红线，如果他们仍然犯错，到时候再处罚，也不会引起他们的反感，反而能够激发他们的改正热情。

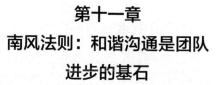

第十一章

南风法则：和谐沟通是团队
进步的基石

◇ 南风和北风分别代表何种沟通方式？

◇ 和谐沟通对于企业而言意味着什么？

◇ 大局观意识是如何避免员工内卷化消耗的？

◇ 怎样在员工听不进去的时候进行沟通？

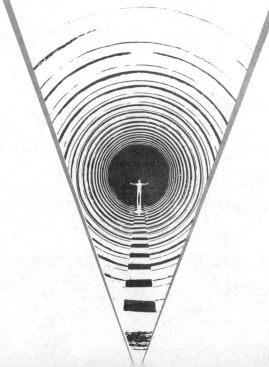

消除团队中的不和谐因素

一个高效能团队最需要的是什么？和谐！和谐是确保团队正常运转的关键因素。作为企业的一员，理应从大局出发，顾全集体的整体利益和长远利益。作为管理者，应当尊重下属，无论下属是对还是错，管理者都应该对其保持应有的尊重，用对话代替争吵，用和谐消除障碍。

和谐沟通才能使团队和个人双赢

"南风法则"来自一则名为《南风和北风》的寓言故事，它的作者是法国著名作家拉·封丹。

有一天，南风和北风见面了，北风认为自己的力气更大，于是对南风说："敢和我打个赌吗？我的力气比你大。"南风答应了，于是它们打赌，看谁能让行人把大衣脱掉。北风力量强劲，用寒风猛烈地吹着路上的行人，可是风吹得越猛烈，气温越低，人们自然也就把大衣裹得更紧了。南风却温柔得多，她轻轻地吹着暖风，行人们越走越热，热得浑身出汗，很快就把大衣脱下来了。北风只好低头认输。

通过对比，我们可以发现南风和北风在做事方法上的不同。北风就像一个脾气暴躁的传统企业的老板，喜欢用命令的口吻，不擅长沟通，遇到事情总是采用简单粗暴的方法；而南风则更像一个现代型企业的老板，他们有一个非常显著的特点，就是他们很懂得维护个人的形象，就算心里不开心，也要坚持和谐沟通，不说气话。

在当今社会，简单粗暴的沟通模式已经逐渐落伍了，而和谐沟通则成为社会提倡的主流。上下级之间虽然有职位上的区别，但是人格尊严都是平等的，蛮横无理的沟通方式是受大众谴责的，而和谐沟通则能让人们感到被尊重。在与人打交道或者办事情的时候，用好的态度、温和的方式比用高傲相持的生硬方式更容易提高办事的效率。在与人相处时，用友善体贴的方式比用强悍冷漠的方法更易俘获他人的心。

欢迎提意见，但要按规矩来

很多时候，员工之间之所以吵架，往往是因为一些小事情，他们对这些事情有不同的看法，但是又不善于提出自己的看法，结果产生了争执。像这种争执是完全没有必要的，因此，在管理的过程中，首先要解决这类问题，避免在管理上出现无谓的消耗。

1. 有一说一，不提与工作无关的意见

在实际工作中，我们经常与同事在某件事情上产生分歧，这是很正常的事情。如果你要提出意见的话，请务必就事论事，只需要针对这件事情说出自己的真实看法即可，不要提与工作无关的事情，不要翻旧账，更不要冷嘲热讽。

2. 态度坦然，不要莽撞

给别人提意见的时候，要保持平和、端正的态度，让同事确信你是有事实依据的。你在批评时畏畏缩缩、吞吞吐吐，同事就会怀疑你不信任他，这显然不利于构建和谐沟通的企业环境。

3. 对领导有意见可以在私下里说

批评领导不是件容易事，如果当着众人的面批评领导，很容易触犯领导的威信与尊严，所以给领导提意见大多是在台下做的。趁领导有空的时候，把自己的意见真诚地表达出来。要抱着讨论协商的宗旨去与领导谈事情，并且留给他一些考虑的时间。

培养员工的大局观意识

大局观意识是促进矛盾化解、增进和谐沟通的重要途径，有了大局观意识，团队的生产力将会比之前翻倍成长。大局观意识是企业文化的一部分，它既不是物质性的硬件设施，也不是强制性的硬性规定，它是一种真正的软实力，用温柔的力量，推动企业和员工不断进步。

当大局观意识压倒个人意识

说起大局观，我们的耳边总是能够响起"不谋万世者，不足谋一时；不谋全局者，不足谋一域"的古训。

通常人们总是认为，大局观是领导才需要考虑的问题，作为一名员工，只需要把眼前的工作做好就行了，根本没有必要考虑那么多东西。其实，大局观培养的是人们的整体观念，劝导人们从大局考虑，为大局着想，尽量避免不必要的争端，为了整个公司的前进而不懈努力。因此，大局观提升的是全公司的战斗力，它的重要性不言而喻，与公司里的每个人都息息相关。

深度管理就是要将企业的活力充分调动起来，而大局观意识恰恰能够减少矛盾出现的可能性，因此从这个角度上来说，大局观意识是通往深度管理的重要途径。

有人认为，大局观意识是对制度管理的补充，我却认为，大局观意识是科学管理的新形势，是深度管理中的柔性管理。正如道德和法律的关系一样，道德在无形之中鼓励着人们弃恶从善，而法律则是通过强制性的手段，威慑着人们脑海中想要犯罪的念头。通过大局观意识的培养，员工将从根本上将自己融入企业整体，将自己看作整体中不可或缺的一部分，而不是只顾自己，各玩各的。他产生了主人翁意识，关心企业的发展方向，积极主动地有效配合其他岗位同事的工作，以确保公司内部运作的顺畅。这种意识的培养，不仅能全面发挥员工的主观能动性，还将大大提高企业的内部团结和增强企业的凝聚力。

帮助员工树立大局观意识

企业可以从以下两点着手培养员工的大局观意识：

1. 提出共同目标，用公平凝聚人心

企业就像一艘大船，每个员工都是船上的一名船员，大家一起

努力，让船驶向远方。前方到底在哪里，这是每个员工都会思考的问题。当人们为了一个属于自己的远景目标奋斗时，他们能忍受目前自己的种种不快和逆境，始终坚持努力，这就是对于未来的大局观意识。但是光有目标还不够，还得有公平、公正作保障，要把人心凝聚在一块，否则就会出现内耗现象，大大影响生产效率。

2. 树立员工的主人翁意识

当员工想起自己只是一个"穷打工的"时，再高的热情也会被瞬间熄灭。因此，要让员工感到自己是企业的主人，而不是企业家的奴隶，这样他们才会充满热情。安排工作时，让员工了解事情的背景和原因，让他们养成从全局考虑的习惯，他们自己就会明白哪些事情是应该做的，哪些是不应该做的。然后尝试让员工提出解决方案，专业技术员工可能提出更加合理化的方案，不同的管理级别也能从不同的角度思考。

管理兵法：用沟通消除下属间的矛盾和冲突

作为企业的领导，下属之间产生矛盾可能是管理者最不愿意看到的事情了，管理者应该用对话的方式，消除下属之间的矛盾和冲突。你说得清楚，并不一定保证你的下属听得明白，尤其是当下属正在生气的时候，这时他们就像两头红了眼的斗牛。你一定要小心，因为一不小心，他们就会两败俱伤。

商战经典

解决员工冲突的案例示范

假设你是一名企业管理人员，正坐在办公室里。"咚咚咚……"一阵敲门声响起，你说了一声："进来！"你看到你的下属小马气冲冲地走了进来，说是有话要和你说。你仔细想了想，最近确实没有什么地方对不起他，看来是有别的什么事情。因此，你把门关上，重新回到位子上坐下，示意他说下去。小马滔滔不绝地谈了起来，他说他和另一名下属小刘之间产生了冲突："小刘太过分了，竟然知情不报，害他白白丢掉了那么多的业绩。"

听到这里，你得到了什么信息呢？"小刘故意坑害小马？"如果你是这么想的，说明你可能不适合做管理。此时你只听到了小马的一面之词，距离事实的真相还差得远。至少你应该把小刘叫到办公室里来，问问他究竟发生了什么事，同时听取两方面的陈述。有时还要在私下里旁敲侧击地问问其他员工，看看他们是如何评价这两个人的。你必须处理好下属间的这种微妙局面，而这需要高超的技巧。

员工之间出现了冲突，管理者装聋作哑肯定是不行的，至少应该出来表个态，"不管是谁有理，都不要再吵了，以后谁也不要再提"。冲突不会自行消失，如果你置之不理，下属之间的冲突只会逐步升级。在冲突大规模升级之前，你有责任恢复和谐的气氛。

要解决冲突，可以参考以下五个步骤：

（1）承认冲突确实存在的现实。

（2）请双方分别讲述对问题的看法。

（3）分析出双方的需求，寻求双赢的解决方法。

（4）实施解决方案，并且随时监管。

（5）给最终结果一个评价，看看大家是否满意。

在解决问题的过程中，千万不要预先设定立场，因为事实真相如何，我们很难分辨清楚。最好的办法是让冲突的双方自己解决问题，而你担任调停者的角色。你可以单独会见一方，也可以双方一起会见。但不管你采用什么方式，都应该让双方明白：矛盾总会得到解决。

管理漫谈

如果员工不听话怎么办

管理者最不喜欢碰到不听话的下属，尤其是那种专门和领导对着干的下属。为什么下属总是和领导作对呢？究竟是员工不可理喻，还是领导的管理方法不对？

其实，在生活中大多数员工之所以不听话，完全是由上下级之间沟通不顺利导致的。比如，管理者一直在催促"快点做"，有没有把截止日期告诉员工呢？还是说管理者只是想把员工压榨到极致呢？你觉得一天就能做完的事情，员工可能觉得需要三天。如果强行减少时间，只会让员工感到不可理喻。你应该弄清楚一点，那就是双方需要的到底是什么。你心里想的与员工想的可能是天壤之别。

其次，管理者还应该弄清楚，自己是否和员工处于同一频道，管理者看重的是效率，而员工看重的是条件。如果两个人各说各的，都不肯从对方的角度去考虑问题，无异于鸡同鸭讲。

第十二章
优先法则：确立重要事件
的优先地位

◇ 在战略和战术上，公司为何需要集中精力？

◇ 如何确定最需要解决的最重要的事情？

◇ 在企业管理中，管理者怎样制定团队的第一目标？

◇ 如何科学规划时间清单，给管理带来帮助？

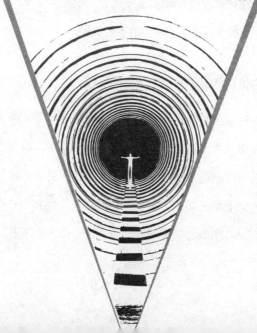

集中精力，做最重要的事

　　管理学中有一个很重要的原则——优先法则。有些事从局部来看很重要，但是放在全局来看只是可有可无，这时候就应该集中精力，先做最重要的事情。

　　那么，在企业的经营和管理过程中，如何集中精力做最重要的事情呢？如何确定这件事是否是最重要的呢？

拒绝穷忙！养成集中精力做事的习惯

　　身处快速发展的时代当中，每个人的注意力都被调动起来了，我们有太多事情需要注意。然而面对的选择越多，做出的成绩反而越小，这正是"杂而不精"的做法。金庸在《射雕英雄传》中描写了一种"左右互搏术"的功夫，练功者"左手画方，右手画圆"，双手可以同时打出两套完全不同的招式来，令人防不胜防。然而在现实生活中，任何人的精力都是有限的，我们不可能把精力分散在多件事情上，还奢望取得良好的效果。

这个道理放在企业管理上同样适用，深度管理的其中一个重要内容，就是要集中精力，把有限的资源用在最重要的事情上，尽快完成对企业最有意义的事情。

在战略选择上，企业一定要有自己的主打业务，在这一方面站稳脚跟以后，才能考虑业务扩散。如果主营业务在市场上没有优势，却同时朝着其他方向扩张，就会陷入一种非常危险的境地。假如这两个业务中的其中一个没有取得进展，陷入停滞，那么很有可能把整个公司拖入深渊。

在战术操作上，企业管理者则要看出任务的重点，事前经过充分的分析和论证，抽丝剥茧，找出最关键的点。然后集中优势资源，力争攻克这个关键点。随着关键问题的解决，其他问题就显得无关紧要了，解决它们就成了顺其自然的事情。

企业管理者大多十分忙碌，尤其是白手起家的民营企业家们，他们从一无所有到建立起自己的企业，其间经历过无数的艰难和困苦，因而他们更加懂得珍惜现在来之不易的成果。他们具有极强的责任心，但也正是这份责任心迟滞了他们提升管理水平的脚步。和事必躬亲相比，他们更应该学着将有限的精力保存下来，用来解决最重要的事情。至于那些无关紧要的小事，原本就该由管理层和员工们去解决，难道不是吗？

如何确定最重要的事情

对于企业家而言，最重要的事情莫过于直接关系到企业生死存
亡的事情，这类事情通常是一些影响重大的紧急事件，以及企业未
来的发展方向、高级管理人员的任免等。而对于员工来说，判断标
准就简单得多，领导最关心的事情，就是他们最需要关注的事情。
领导最关心的事情，往往是能直接影响到大局的事情，公司上下必
须先集中精力完成这样的事情。这就需要我们能够分清哪些对我们
来说是真正重要的事情，然后集中精力去完成它们。区分什么样的
事情是有意义的事情对我们很重要，是一种非常重要的能力。

那么，如何确定我们正在做的事情就是最重要的事情呢？我们
不妨从自身出发，立足于三个层面去思考。

1. 从企业的角度来说，什么事情最有价值

要评价一件事情是否重要，最简单的就是看它有什么价值。有
的事情可以为企业带来利润，有的事情可以为企业树立形象，有的
事情可以为企业挽留客户。要时刻记得什么样的事情对企业的价值
最大，认真思考后找出明确的答案。

2. 从员工个人角度考虑，什么事只能由我来做

这个问题可以明显改善我们的个人业绩。有很多事情是我们不

能控制和左右的，有些事情是只有我们能做别人做不了的，如果能把这些事情做好，将会对我们的生活和工作产生巨大的影响。要每一天、每一刻都问自己，并最终得到一个确切的答案，然后专心致志地去做这件事情。

3. 从现实角度来说，现在的方案的效率是否最高

效率是管理的生命，要想进行深度管理，这个问题是无法避免的。要想克服拖沓，用管理提高企业的效率，必须认真思考这个问题。

认准团队的第一目标

一个企业，在任何时间，做任何事的时候，都应该有一个明确的目标。如果没有明确的目标，就会像失去指引的航船。因此，要打造一支高效的团队，首先就要认准团队的第一目标是什么。认准第一目标，向着第一目标坚定不移地走下去，不要被路途中的小事阻碍。

团队的第一目标是什么

在做管理的过程中，我做过一项调查，调查的问题很简单："你觉得企业领导的第一任务是什么？"我总共采访了320人，其中298人的回答几乎是一模一样的——给团队指明方向。从这里可以看出明确的目标方向在打造高效团队过程中的重要性，它是团队所有人都非常关心的事情，是建设高效团队的关键点。

那么，在日常工作当中，我们该如何确定团队的第一目标呢？怎样判断当前的目标是否合理呢？这就需要对团队进行整体评估，正所谓"知人者智，自知者明"。团队处在怎样的外部环境中，又有着怎样的内部情况和特征，这些都是评估中必须解决的问题。

团队要对自身条件进行分析，包括团队的性质和特色等方面，发现团队的不足之处，同时找到团队发展的潜质和需要。只有这样，才能够从宏观上确定团队发展的战略和策略，从微观上制定具体的操作性强的系统措施和步骤。团队也要善于自我分析，了解团队的性质，分析团队的缺失，把握团队的特点。

除此之外，还要考虑团队所处的环境。如果外部环境对我们不利，那么我们就应该把目光放在生存这件事情上，此时生存下来才是最重要的。如果外部环境比较宽松，但是团队内部出现了不合，那就应该把目光暂时放在内部事务上。

别在小事上浪费太多时间

人们每天要处理的事物有很多，团队也是一样，团队要想提高工作效率，就只能集中优势资源，把精力全部放在主要任务上。

同样的两支团队，它们在创业之初拥有的条件或许几乎完全相同，但是几年之后，它们的境遇可能完全不同。其中一家成长为地区性的大公司，而另一家则面临倒闭破产的窘境。之所以出现这样的差别，和它们的管理方式有关。

　　成功学上有个"一万小时定律"，说的是要成为某个领域的专家，需要一万个小时。按比例计算就是：如果每天工作八个小时，一周工作五天，那么成为一个领域的专家至少需要五年。其实，这个定律对公司来说也完全适用。要想把公司发展壮大，领导必须时刻把管理放在心上，时刻想着减少外部消耗和内卷化。

　　很多时候，企业里的领导并不懂管理，他们虽然建立了一整套的管理系统，但是在他们心底，并没有真正重视管理这门科学。他们的眼光仍然紧紧地盯着业绩，不肯从钞票上挪开。所以他们总是从早忙到晚，试图面面俱到。自己加班不算，还要拉着所有员工跟着他们一起加班加点。看似忙碌，其实工作效率很低，原因就是他们在小事上花了太多的精力，什么事都想插手，而这些事情其实根本不必由他们过问，只需要按照流程走下来就可以了。

管理兵法：用任务清单增强管理

　　无论你是大老板还是小员工，都应该拥有一份属于自己的任务清单，上面清楚地写着你将要完成的未来。用一个日历，将你的一天划分成十五分钟一截的区间。或许你觉得任务清单没什么用，或许你觉得这样听上去很痛苦，但是它确实是很有帮助的，一份设计合理的清单会帮助你完成至少95%的事项。

商战经典

马云：小企业求生存，大企业求发展

　　阿里巴巴集团的总裁马云曾这样说："今天很残酷，明天更残酷，后天很美好，但是绝大多数人死在明天晚上，见不到后天的太阳。""小公司的战略就是两个词：挣钱，活下来。"

　　但在另外一场讲演中，他又和听众们分享了他的战略"三板斧"。战略"三板斧"由两部分构成："上三板斧"——使命、愿景、价值观，"下三板斧"——人才、组织、KPI。"上三板斧"主要是讲战略方面的，包括战略目标和战略核心；而"下三板斧"主要讲的是讲战术方面的，包括战术方法和战术手段。把这两者结合起来，便形成战略与战术的统一。

　　如果把马云的话提炼一下，我们就可以很轻松地得出一个观点：小企业的任务清单上，第一目标是活下来；而大企业的任务清单上，第一目标是持续发展。企业在制定战略前，最好也能制定一个清单，在上面清清楚楚地写下"你有什么？你要什么？你放弃什么？"离开这三个基础问题，战略就是空谈。做企业与做人一样，做人追求的是活得长久、活得健康、活得快乐，做企业也是如此。

　　但是在现实生活中，我们往往会看到小企业更有冒险精神和创新精神，认准一个目标，就全力扑过去。而大企业则非常沉稳，跟小企业相比，少了点冒险精神。其实这很容易理解，因为小企业的资源就那么多，它们在做规划的时候，身后没有退路，要么一次成功，要么就是失败，所以它们只能孤注一掷。而大企业家大业大，承载的是无数人的饭碗，一旦失败，后果很难想象，所以它们会主动把风险分摊掉，确保有多条道路可以走。

管理漫谈

为什么你的任务清单如此糟糕

假设你制定了一份任务清单，你在上面列了10000件待办事项，最后完成的只有1件事，剩下9999件事无法完成。

请问你会认为这是一份合格的任务清单吗？恐怕不会。

为什么你的任务清单利用率这么低呢？究其原因是没有做好科学的管理和规划。如何建立任务清单，说起来很简单，即写下你要完成的工作。清单上只能是可以具体执行的行动，对于那些概念化的想法或项目，你要把它们拆解成可执行的行动步骤。比方说，你要完成一个宣传"时间管理"的演讲。你不可能等演讲时间到了以后才开始讲"时间管理"，而是必须在前期做好准备，所以在任务清单上，你就可以这样写：

×月×日×时，分析受众心理，找出他们最关注的热点事件、家庭琐事等。

×月×日×时，上网搜索热点新闻，查询同类书资料以及名人名言、名人事迹等。

×月×日×时，将所得资料做成PPT，理清逻辑，组织语言，提前进行演练。

×月×日×时，选定地点和演讲时间。

这样做就是一份完整、详细的任务清单了。利用任务清单，我们可以记下立即要做的任务，也可以通过它来做规划，记录零散的想法，以备后用。

在使用任务清单时，最好搭配台历使用，台历将每个月的工作日和节假日都标识得清清楚楚，可以让我们对时间有更清晰的感受。

第十三章
奥斯本法则：坚持创新是企业
的唯一出路

◇ 奥斯本法则包含哪些内容?

◇ 管理模式和社会形态有什么内在的联系?

◇ 大企业和小企业在管理创新上有何特点?

◇ 管理模式创新需要什么样的文化氛围保驾
护航?

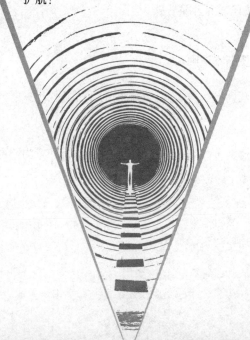

奥斯本法则：创新的6M法则

我们说创新是企业生存的条件，创造学中有一个"奥斯本法则"，就是专门为创新服务的。奥斯本法则将创新可视化了，它为人们指明了创新的六种方法。在奥斯本法则的帮助下，原本神秘莫测的创新，如今成了小菜一碟。

什么是奥斯本法则

奥斯本法则是由美国著名的创意思维大师亚历克斯·奥斯本提出的。

奥斯本法则也叫6M法则（M是May的缩写，意为"可以"），包括以下内容：

可以改变吗？

可以增加吗？

可以减少吗？

可以替代吗？

可以颠倒吗？

可以重组吗？

在和平年代的市场经济中，很少会出现供不应求的情况，即便有也是短期情况，企业的逐利性会驱使它们尽力满足市场的需求。经济学家把这种情况称为"看不见的手"，通过这双"看不见的手"，市场上的需求能够最大限度地得到满足。相比供不应求，更容易出现的反而是生产过剩、供过于求，进而导致经济危机。

因此，市场上的竞争始终是非常激烈的，如果不能坚持创新，再大的公司也会逐步走向没落。而奥斯本法则，就是为解决创新问题提出来的。奥斯本法则中的每一个问题都是一种解决问题的思路，非常明确，它为企业创新提供了六种非常清晰的视角。

奥斯本法则的具体内容

1. 改变

改变是奥斯本法则的首要法则。改变实际上是对新产品进行原创基础上的功能升级、颜色改变、形状改变以及产品气味、包装等变化，通过变化获得产品升级与新产品概念的诞生。

2. 增加

通常表现为物理性能上的增加，例如冰箱增加储物空间，汽车增大座驾空间等，是在原有产品的基础上增加产品的尺寸和强度，进而改善使用体验的创新方法。这种方法做起来简单，但是要做好并不容易，你必须考虑消费者是否会接受。

3. 减少

和增加刚好相反，减少的法则是减少一些不必要的东西，属于增加创新的逆过程，例如减轻、减薄等。早期的手机体积庞大，携带不便，后来设计得越来越轻薄，越来越小巧，就是这样一种设计法则。

4. 替代

替代是取代原有的材料、零部件、能源、颜色等方面的设计。例如，有些企业现在正在研发石墨烯电池，希望以此替代现有的锂电池，而锂电池又是用来替代铅酸电池的。

5. 颠倒

颠倒也是一种创新，而且由于有原样作为参考，因此显得更容易些。例如，马应龙痔疮膏原本是用来治疗痔疮的非处方药，有去腐生肌、活血消肿的效果，后来人们发现，马应龙痔疮膏竟然也有消除黑眼圈的神效。于是，马应龙药业博士后工作站在原有的基础上，重新研制了一款马应龙八宝眼霜。

6. 重组

重组是先否定、再创造的过程，可以对企业原有的零部件、材料方案、财务等进行重新组合。重组性新产品创新对企业与广告公司要求更加严格，对竞争性的了解必须更加深刻。

奥斯本创新的六大法则既相互独立，也存在一定的内部关联。事实上，在实际生活中，我们会发现企业的产品研发不再遵循单一的奥斯本法则，而是越来越倾向于同时使用多个法则，在强调个性化的同时，人们也非常关注综合性思维。

管理创新需要公司的全力配合

管理模式的创新，必定会随着人类的发展而不断前进。管理的创新，实质上是用更有效的方法来整合资源。创新只是一种手段，其目的是更有效地实现管理目标。管理创新不是一句空话，它需要整个公司的配合，如果只是领导一厢情愿，而下属都在抵制，管理创新就很难取得效果。

企业管理也需要不断创新

纵观人类历史，企业的管理模式其实是在不断进步的。

在早期资本主义社会，企业试图最大限度地压榨员工的剩余价值，把员工都变成机械劳动的零件。但是这种管理模式忽略了对人的关心，过度压抑人性，这显然是不利于社会和谐的，因此受到了人们的猛烈抨击。

现代社会更注重人的作用，希望充分发挥人的主观能动性，劳动的同时，也要收获快乐。而深度管理正朝着这个方向在做。深度管理就是要把管理当成一门科学来做，不再是一味地约束、控制，而是让员工尝到管理的甜头，继而充分认识到管理的必要性，形成自发管理，减少许多不必要的支出。

很多学者经常说："中国用三四十年的时间，走完了发达资本主义国家几百年的道路。"这句话是很有道理的。中国从改革开放以来，到现在刚好四十年。中国企业和发达国家的企业在各方面的差距正在慢慢缩小，对管理也越来越重视。人们已经发现，仅有较高的生产效率、足够好的质量甚至较强的灵活性，不足以保持市场竞争优势，管理创新和技术创新一样重要，二者并行才是企业生存与发展的不竭源泉和动力。

奥斯本法则下的文化氛围

从改革开放到现在，时间正好是四十年。这四十年里，我们学习了无数种管理模式，但是最终还是要靠自己，要将先进的管理模式和中国的特殊国情结合起来，创造出一种全新的管理模式。

管理创新不是说说而已，它需要企业领导和员工们的共同重视，在实际工作中，逐渐形成一种文化氛围，即"创新是生存的唯一道路"。企业或许已经创造了许多成功的管理方式，其中不少仍然需要我们坚持，但是在新的时期，管理的内涵和实质发生了变化，必须与时俱进，勇于创新。

优秀的企业文化，必定是积极向上的，管理者和员工同心同德。要想在知识经济时代赢得竞争优势，必须改变传统的以物为本的企业文化，建立以人为本的企业文化。同时还要重视人力资源的开发和利用，即重视培养人，提高员工的知识和技能素质；重视激励人，运用物质手段和精神手段相结合的方式，激发员工的创造性，使员工的才华能够得到充分施展。

管理兵法：唯有创新，才是企业最终的出路

当市场发展到一定程度，无数企业如雨后春笋般冒了出来，激烈的竞争迫使企业走上创新之路。创新引领着时代的发展，创新决定着企业的存亡。不管现在的位置有多高，不能适应时代的发展，就会被时代淘汰。企业是创新的主体，小企业应该充满创新的精神，而规模企业则应该成为创新的主导者。

商战经典

HCL公司的管理创新之路

HCL科技有限公司是印度的一家全球性IT服务公司，该公司的总部设在诺伊达，在全球26个国家都有业务。该公司提供多种服务，包括软件咨询、企业转型、远程基础设施管理、工程和研发服

务以及业务流程外包等。

在当时的印度，IT市场被IBM、EDS及Accenture等巨头把控，HCL公司充其量只是一个二线品牌。然而，随着IT服务市场的发展，HCL公司迎来了一个机遇。当时IT服务市场的规模不断扩大，客户的需求也变得越发复杂，但是供应商之间没有明显的差异，这就必然导致一个结果，那就是市场上的竞争越来越激烈。要想摆脱这一局面，HCL公司必须创新，否则就会被巨头企业竞争的旋涡吞噬。

2005年，维尼特·纳亚尔在公司任职20年后，正式出任公司总裁（随后就任CEO）。针对当时IT巨头们争相打出的"以客户为中心"的口号，维尼特·纳亚尔给出了不同的意见。他认为，能创造出解决方案的人只有员工，员工的质量越高，也就是他们的能力、能动性、参与度越高，他们创造的价值也就越多。

于是，维尼特·纳亚尔着手整顿HCL的整个管理体系，他要把以往那种压榨员工、欺瞒客户的做法转变成投资员工，进而提升员工的服务质量。

1. 反向责任制

维尼特·纳亚尔命人重新建立了一套责任制度，根据管理人员的知识、能力情况重新进行分配，真正做到用实力说话，拒绝滥竽充数的情况存在。接着存入档案，方便以后调查。他还把结果公布出来，让公司的员工们自由查看。

2. 平行金字塔体系

维尼特·纳亚尔发起了一项"摧毁CEO办公室"的行动，他的解释是"企业不需要沉迷在'一个人说了算'的习惯里"。他们创建了一个平行金字塔体系——包含32个兴趣社区的组织，人们可以在这些兴趣社区中协作，把自己的创意变成现实。

通过这些管理上的活动以及研发上的创新，HCL迅速吸引了人们的眼球。在媒体的笔下，公司上上下下充满了朝气。和同行相比，HCL的成长速度更快，且员工流失率更低，充分展示了管理创新的力量。

如今，HCL公司已经在印度站稳了脚跟，成为印度上市公司前20强。

`管理漫谈`

规模企业应该成为创新的主导

观察人类商业史，我们会发现这样一种现象：奇思妙想更容易出现在小企业中，却最终在大企业中孕育生长。其实这个道理很容易想明白，世界上的大企业就那么几家，而小企业不计其数，所以小企业有更大的概率想出新概念。但是小企业本身实力不足，就算有了想法也实施不了，最好的办法就是找大公司帮忙，大公司有雄厚的资金支持，还有一整套成熟的商业运作系统，是培育新想法的绝佳土壤。

　　企业是创新的主体，而规模企业更是应该成为创新的主导者。这既是企业发展的需要，也是现实条件决定的。规模企业会自觉加大投入，例如苹果公司在2018年计划投入的资金是140亿美金，在4年时间里增长了近2倍。

　　创新是企业发展的最终出路。无数的竞争对手们正在虎视眈眈，如果你不创新，它们就会超越你，最后一步步吃掉你的公司。因此，要想使企业长久地存活下去，就一定要不断地创新。公司越大，越是应该摆脱惰性，坚持创新。

第四部分
从细节入手，建设规范化的流程和制度

空喊口号对公司的业绩不会有任何帮助，深度管理重视的是每一个具体的问题。企业要长久地活下去，靠的是大方向的准确把握和小细节的持续改进。管理人员应该将眼光放在近期管理的进步上，活下去才是唯一的真理。

第十四章

标准化法则：流程管理的秘诀是规范化

◇ 流程管理在企业中有什么作用？

◇ 如何将流程管理与现实情况结合起来？

◇ 中国企业和西方企业在流程管理上有什么明显的不同？

◇ 想一想，企业如何在流程管理和管理僵化之间做到平衡？

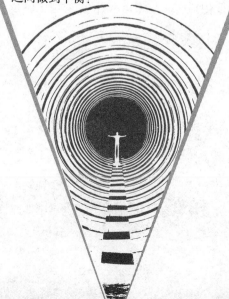

流程管理是企业战斗力的保证

　　时至今日，越来越多的人开始将目光转向正规化的企业管理，人们开始设计管理流程，一切遵照程序和格式进行。如果你要问"流程管理究竟有什么用"，恐怕没有几个人能说得上来，他们或许会说"有纪律的队伍才有战斗力""按照流程走才是正规企业"之类的话，但是他们并没有真正理解流程的作用。那么，流程究竟有什么作用呢？为什么我们要说没有流程就没有战斗力呢？

没有流程，企业就不可能有战斗力

　　其实，流程管理很简单，你可以把它理解为"减少不必要的时间损耗"。比如，以往人们要做一件事，跟领导说了一声，领导说："可以。"但是事情做完以后，领导说："你怎么没经过我同意就动手呢？"完全没有一个明确的标准，这就会造成推诿和扯皮。

但是现在有了明确的流程，规定做这件事之前必须请领导批准，领导在申请单上签字了，就表示他授权了，以后再出什么事，领导就不可能推诿了。

人们常说"向管理要效益"，其实很多时候就是在"向流程要效益"。向流程要效益，就是对流程进行优化或重组，减少可有可无的环节，砍掉没有价值的活动，让企业的所有活动、所有成员指向企业价值增值的领域，指向企业价值增值的目标。

当企业所有成员都自觉地从时间、成本、效益诸方面考虑工作上的投入、上下环节的衔接、活动的最终目的达成的时候，我们可以说，人是主动的，流程是活的，企业组织的运行变成了一个有机的整体，各岗位间如高速运转的齿轮，紧密相连而又互相配合。

用流程管理取代独裁式管理

很多小企业的老板习惯了独裁式管理，什么都是他一个人说了算，在他面前，流程就是一个可有可无的东西，顺手就用，不顺手就扔到一边。应该说，这是人类社会的通病。孔子说："不在其位，不谋其政。"没有到达那个特定的位置，就不可能对它产生深刻的理解。

很多小企业主都有这样的想法，他们觉得目前的公司太小，流程管理对他们来说太高大上了，一点都不实用。然而，流程是企业管理的必经之路，也是现在被证明最有效的管理模式。一个被无数人重复了千万遍的经验是，起家时靠热情，成熟时却要靠规范。按流程办事意味着企业运行处于秩序之中，秩序减少失误，进而减少因失误而浪费的时间，工作效率就这样提升了。

大公司需要流程管理，小企业同样离不开流程管理。

首先，流程管理确立了规矩。小企业往往只有数名员工，每个人身上都担负着重要的职责，倘若每个人做事都毫无规矩，企业的运营就会乱套。借助于流程管理，从老板到员工的行为都会受到约束，奖励或惩罚有了明确的规定，如此一来，企业就能逐渐走上正轨。

其次，流程管理能够帮助员工创造更大的价值。在粗放型管理模式下，企业没有一个明确的标准，就很难确定每个环节中的成本，最终付出的成本一定会超标。流程管理把责任明确到个人，不仅提高了效率，还能避免成本的浪费。

最后，流程管理还能降低员工离职的风险。小企业大多非常依赖核心骨干成员，他们是企业的顶梁柱，一旦他们离开，企业的工作就会中断或受影响。流程管理可以起到未雨绸缪的作用，企业建立流程之后，员工们形成了一个相互配合、相互协作的整体，每个人都能从中学到经验和方法，减少了对骨干成员的依赖性。

适合企业的流程才是最好的

　　流程管理的鼻祖迈克尔·哈默说："产生价值的是流程而不是部门。"对于企业管理而言，流程管理就像是城市里的高速公路一样，极大地提高了办事速度，将各种不必要的损耗降至最低。不过，企业管理者要注意，流程管理根本不存在"最好"一说，最适合自己的就是最好的。

流程管理不当，也会变成累赘

　　流程管理中经常出现这样的问题：企业明明有一套设计完善的制度，但是在实际工作的过程中，人们逐渐发现，它在带来便利的同时，也会产生各种弊端。比如，企业内部流程过于烦琐和复杂，往往成为高效执行的主要障碍，有时一个文件需要各个部门逐层审批，每个部门处理的时间只需要5分钟，在传递过程中耽误的时间却长达五六天，这不仅影响到执行者的耐性和执行结果，最重要的是它还会影响到企业的竞争力。这时流程管理竟然从帮助者变成了干扰者，由此可见，流程也是需要不断完善的。

在很多中国企业里，管理流程或多或少都会有些问题，这是难免的，在很大程度上与业务流程的繁杂有关系。如果业务流程繁杂问题得不到解决，那么即使投入再多的人力、物力，流程也无法得到改善。尤其是在那些快速扩张的企业里，领导们每天被各种各样的事务包围着，根本没有闲暇时间考虑流程问题，甚至于有了流程他们就已经很满足了，哪里有时间对流程进行细致的调整呢？不幸的是，这样的企业在中国占大多数，真正花心思调整流程的反而是少数，也正是由于这个原因，那些真正会做管理的公司才会异军突起，一直走下去，而大多数企业就像大海上的浪花，起起伏伏，漂泊不定。

对于规模迅速膨胀的企业而言，由于业务量大，部门也多，同样的流程一天要重复十几次甚至几十次，出现错误是难免的。这个环节错一点，那个环节漏一些，到最后就会像雪崩一样，变成巨幅震荡。在这个背景下，如果企业领导还不重视流程管理，而是把眼光放在业务上的话，那么整个公司面对危机的反应能力就会受到严峻的考验。当危机真正出现时，它或许连反抗一下都做不到，就轰然倒塌。

拒绝理想主义，一起以实效为准

人们应该形成这样一个共识：管理是一门科学，而流程则是实现管理的工具。这个工具不是为了发展科技水平，而是为了满足客户和公司的需求。技术的研发和客户的市场需求这二者之间总有着不可调和的矛盾，且这二者之间的矛盾几乎存在于所有的企业之中。

客户需要什么产品，企业就做什么产品。同样的，企业需要什么管理，我们就应该提供什么样的管理。有些管理手段看上去很美好，但是不一定贴合现实。别人觉得很好用的东西，我们不一定用得了。如果流程和企业的现状脱节了，肯定也是不合适的，这就像让小孩子穿大人的鞋一样，走路都困难，更别说跑步了。

因此，在建设流程的时候，要提前考察一下，至少应该看看它的运作模式是怎样的，会涉及多少人，又需要多少人来维护。流程上马之后，也不能掉以轻心，不要就此撒手，不再管它了，而应当过一段时间观察一下，看看他适不适合当前的企业。如果出现了问题，要看看究竟是流程的问题，还是执行的问题。

管理兵法：确保流程管理的持续优化

　　流程需要持续维护，不断优化，就像人的血液需要不断更新一样。如果这个过程停了下来，流程迟早会变得过时。归根到底，管理是一种实践，其本质不在于"知"，而在于"行"，其验证不在于逻辑，而在于成果，其唯一权威就是成就。持续优化的流程是有生命力的，它是建立在逻辑和现实之上的成果。

商战经典

华为的管理和改革

　　关于管理流程，华为的创始人任正非先生说过这样一段话："先进的武器，并不一定代表战斗力，战斗力还是来自管理。我们是否推行了质量否决制；是否全体职工极端认真负责；是否效率与质量同步前进；是否使管理流程得到优化，并不断在优化；每个员工的基本功是否在不断地演练，是否真正熟能生巧。摆在我们年轻管理员面前的是一大笔生命账单，您追赶国际先进水平，不付出人生代价是不行的。一切愿意进步的员工，都应付出您的热情、执着与认真。只有苦心追求，才会成功。"

任正非给华为的管理层划出了两条红线：对人负责制和对事负责制。所有人都不可以逾越这两条红线。到底是实行对人负责制，还是对事负责制？华为选择了对事负责的流程管理制。华为让最有责任心的人担任最重要的职务，把权力下放给最明白的、最有责任心的人，让他们对流程进行管理。高层实行委员会制，把例外管理的权力交给委员会，并且通过这种形式不断地把例外管理转变为例行管理。在流程管理中设立若干监控点，由上级部门不断执行监察控制。正是通过这种对事负责的形式，任正非希望公司能够达到无为而治的效果。

华为就是这样一个例子，任正非从一开始就认识到了管理的重要性，华为在管理上大力吸取了西方的管理精髓，创造出独特的华为式的管理模式。任正非通过致力于管理中的制度建设、组织结构设计和人才的培养配置等多方面的建设，将华为打造成为一个成功的现代化企业。在任正非的领导下，华为根据企业的总体战略目标，自我决策，集体学习，用这种方式实现了有高度自主权的团队管理模式。而任正非本人作为企业的领导者，始终牢固地把握着企业的发展方向。

流程需要持续优化

你或许已经和同事、领导商量过很多次优化流程的问题，但是在大企业里面，想要改变一个流程可能是一件非常麻烦的事情。说到底，流程不是画在黑板上的一个个图案，而是一套实实在在的方法和规则。

任何一套流程模式，都有一个"固化—僵化—优化"的过程。

举个例子，公司新增了一个岗位，领导挑中了小李和小王，对他们说："这个位置可是很重要的哦，公司能不能做好，可就全看你们俩了。"小李和小王听了以后，感觉自己身上的担子变得更重了，他们俩兢兢业业，认真负责地做好把关工作。很快，小李和小王的业务熟练了，流程也固定下来了，于是流程进入固化阶段。

但是好景不长，公司的业务很快又发生了变化，对这个岗位的需求度不高了，这时小李和小王就显得很碍事了，他们受到了各方面的批评。这就是流程僵化的表现。

于是，在经过讨论以后，公司决定由原来的两个人负责变成由一个人负责，只留下小李一个人。经过裁减以后，大家觉得，这样做比之前好多了。这就是流程优化的过程。

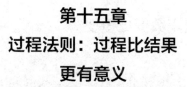

第十五章
过程法则：过程比结果
更有意义

◇ 在企业管理中，我们应该看过程，还是看结果？

◇ 怎样评价管理过程中的各种得与失？

◇ 企业该怎样推进学习型建设？

◇ 小企业在学习大企业的管理系统时，应该避免哪些误区？

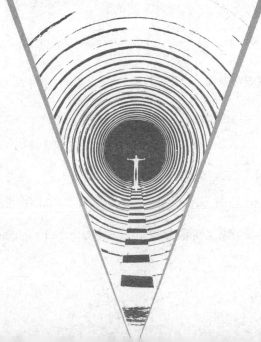

管理过程比报表数据更重要

做企业的最终目的是赢利，但是又不完全是赢利。很多时候，过程才是最重要的，而赢利则是第二位的。有时，企业遇到了意外状况，最终导致失败，只要做事的方法没有问题，下一次就可以卷土重来。要是方法错了，就只能碰对一次，以后都不会有前进的可能了。

老板既看重结果，也重视过程

我们在生活中经常可以看到这样的现象：老板们在开会的时候不断强调接下来一年要达成的目标，还说为了这个目标，公司全体上下都要拼了命地努力，就算付出一切也要做到。这时，你会认为，老板们的心里只有钱，为了利润，他们可以付出任何代价。

但是等到总结工作的时候，老板们似乎又换了一副面孔，他们居然又在谈过程了。他们会说："赚钱不是企业的全部，我们要赚钱，但是也要注重过程。没有过程，就没有发展。"

为什么老板们会有这种前后不一的表现呢？

其实道理很简单，老板们既重视利润，又重视过程；既重视绩效，又重视管理。项目还没开始时，老板们担心员工会懈怠，所以要下达一个死命令，告诉大家要达到××绩效。但是这不代表他们不看重过程，他们很清楚过程的重要性。

中国古代有"授人以鱼，不如授人以渔"的哲学思想，这一思想同样适用于今天的企业运转。赚取利润，就是授人以鱼；重视过程，则是授人以渔。

那么，如何才能让老板们放心呢？最好的办法当然是取得结果和过程的双丰收。绩效指标完成了，说明公司的运转良好，可以继续支撑下去了；流程完善，则说明公司有继续发展的可能。

分析管理过程中的得失

在经营企业时，整理报表是一件很有用的事情，它能把企业的各项数据准确地标示出来，通过这些数据，我们就能知道企业的很多信息。但是报表的作用毕竟是有限的，它只能反映某些事的数据，不可能把所有数据都标示出来。比如，企业管理的有效率是多少，一项决策对于企业的未来发展有多大作用，等等，这些东西本身就很泛化，甚至是概念化的东西，很难用数据清晰地显示出来。所以，我们可以按照传统的方法，分析管理过程中的得失。

如果总结一下以往的经验，我们可以得出一个结论：分析管理过程中的得失，主要看三个方面。

第一，对之前制订的计划进行分析，看看计划是否合理，目标是否明确，排除计划可能会造成的不利因素。从理论上来说，只要计划是合理的，就应该能够做到。

第二，对已经形成的结果进行分析，看看结果和计划之间有多少偏差，计算一下理论和现实的差距。

第三，通过对结果和计划之间的偏差的分析，评价一下管理的效果，给管理打个分。看看目前的结果，有多少是因为自己严格执行了计划产生的，有多少是意外因素造成的。

持续学习的企业才能走得更远

企业必须有良好的格局意识，不能只盯着眼前的三分利益，眼光要看得长远，这是一个企业进步的根本。很多时候，对一家企业的发展影响最大的是战略决策，初期的战略决策，可以直接决定后期的发展上限。但是有没有这样一种可能：初期的战略决策出现了失误，通过后期的努力不断调整，最终成功走出失败的困局？这当然是有可能的。

持续学习的企业，才会有竞争力

有这样两位年轻人，其中一位A君工作努力、勤奋，经常加班加点地工作，非常疲惫，为的就是赚取加班费。另外一位B君却每天准时下班，回到家以后，自己做饭做菜，饭后抽出两个小时学习，为的就是提升自己。几年以后，A仍然在原地踏步，取得的进步很小，身体还被拖垮了，而B则成功地考取了专业领域内的证书，精神饱满地迎接着未来。

如果是你，你愿意像A一样勤奋努力，还是像B一样从容不迫呢？

如今，中国社会已经进入了激烈的竞争状态，企业要想获得成功，走得长远，就必须走上终身学习的道路。不能只盯着眼前的一点点利益，可持续发展才是正道。在企业发展的过程中，很多人都会犯急功近利的错误，总是期望能够在短期内获得突破性的进展，但是忽略了对未来的计划。他们就像A一样，每天加班，却从不学习，做了很长时间，企业还是老样子。

通过管理，建设学习型企业

美国麻省理工学院管理学大师彼得·圣吉曾说："未来唯一持久的优势，是有能力比你的对手学习得更快。"只要你的学习能力超过对手，总有一天你会甩开对手。企业也是一样。可以预见的是，在未来，学习型企业将会占据社会的制高点，其他那些不擅长学习的企业，只能成为二流角色。成为学习型企业，就意味着学习已变成核心竞争力的一部分，学习也与公司的战略密切结合，并且整个组织的学习能力已成为该组织有别于其他组织的特点。

社会每时每刻都在发生新的变化，其中或许就隐藏着改变未来的力量。在面对这些新的挑战时，很多企业唯恐避之不及，而学习型企业却从中看到了机遇。学习型企业会满腔热情地去拥抱这种新的变化，并且让这种变化跟公司的业务密切结合，以保证在新的时代条件下不落后。

学习型企业，就是要时刻接触行业内最新、最高效的知识和理论。就算学不到别人的技术，也要了解这些东西，为将来做准备。企业要给每个员工留出学习的空间，让他们能够在工作中不断进步。

建设学习型企业，需要老板带头学习，为员工做榜样。在很多大中型企业里，老板就像独居深宫的皇帝，平时难得一见。其实这种做法是很不明智的，顶尖企业的负责人总是频繁出镜，在公众面前展示自己的形象，同时也在展示公司的形象。老板应该从办公室里走出来，以身作则，带领员工们学习。

企业还需要建立一套规范化、制度化的培训体系，从制度上重视员工的学习和培训任务。比如，企业可以规定，在每个星期的周五下午，各部门分别展开培训学习工作，由专人负责制定培训内容，并且向他们发放补贴。又比如，每年抽取固定时间，从外部聘请专业讲师，给公司的中层管理者讲课，向他们讲授企业管理的最新知识。

管理兵法：精于管理的企业才能长远

　　企业的生存法则只有一条，那就是脚踏实地，实事求是。用兢兢业业的态度做事，企业才能长久地活下去。世界上每100家破产倒闭的大企业中，85%是因为企业管理不善造成的。我们强调业绩、注重实效，而不是奖励那些只会做表面文章、投机取巧的人。

商战经典

雷曼兄弟破产对企业财务管理的启示

　　雷曼兄弟公司是一家历史悠久的投资银行，曾经是美国第四大投资银行，自1850年创立以来，已在全球范围内建立起了创造新颖产品、探索最新融资方式、提供最佳优质服务的良好声誉。2000年，雷曼兄弟公司被《商业周刊》评为最佳投资银行，然而仅仅几年时间，这家曾经的商业巨头就走到了破产的边缘。

雷曼兄弟公司成立于1850年，最初他们的主营业务是从事棉花等商品的贸易，公司性质为家族企业，且规模相对较小，在财务管理上更多地追求利润最大化，这让他们积累了大量的财富。在雷曼兄弟公司逐渐转型为金融投资公司的同时，公司的性质也从一个家族企业变成上市公司，财务管理的目标也就自然而然地变成以股东财富最大化了。

股东财富最大化的财务管理模式为雷曼公司带来了巨大的成功，使其成为闻名世界的金融巨头，同时也带来了隐患，为日后的破产埋下了伏笔。股东财富最大化过度追求利润而忽视经营风险控制，把公司管理的重心放在了关注股价，而不是关注利润上，这是雷曼兄弟破产的直接原因。

雷曼兄弟的破产，给了后人一个启示：企业在进行财务管理时，必须遵循价值导向和风险控制原则相一致的原则。财务管理目标必须能够激发企业创造更多的利润和价值，同时也要时刻提醒经营者要控制经营风险。

管理漫谈

小公司不能患"大企业病"

一家公司要选择最适合自己的管理模式，走上正确的过程，而不是一味地照搬所谓最先进的管理系统。这就像一只小麻雀，只适合安装麻雀的翅膀，装不了直升机的螺旋桨。强行使用所谓的先进管理系统，很可能带来"大企业病"。

小公司有一个非常明显的优势，就是轻便灵活，船小好调头。小公司要把生存放在第一位，接下来才能有资格谈发展。大企业信奉"管理出效益"，强化内部管理，虽然力量强大，但是它就像一个行动迟缓的巨人，反应比较迟钝。很多人从大企业辞职以后，开办了小企业，就一心想把大企业的管理模式照搬进小企业。一旦小公司流程烦琐复杂起来，就代表着小公司丧失了竞争市场的最大依仗，公司员工的大部分时间都将消耗在这些"内部流程"中，而不是投身市场竞争中。比如让营销人员每天都填写各种报表，参加各种培训考试，使得营销人员根本没有任何时间、精力、心情去从事真正的营销工作，到了月底却拿不出一份能看的业绩报告。

因此，小企业在碰到机遇的时候，要在最短的时间内集中优势兵力，一股气拿下，因为机会稍纵即逝。过度管理，往往比没有管理更可怕！

第十六章

尊重法则：权力下放是流程
的内在要求

◇ 想一想，权力下放对企业有哪些方面的提升？

◇ 权力下放和尊重人才之间有什么内在的联系？

◇ 为什么企业下放权力要循序渐进？

◇ 如何在下放权力的过程中做到充分使用人才？

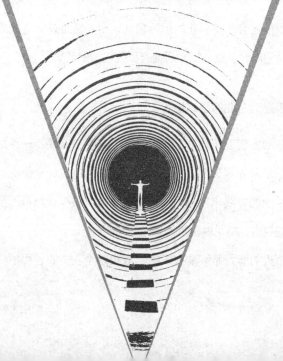

要办好企业，就必须学会放权

在这个世界上，没有谁能够做完所有事。要想把企业发展壮大，就必须学会放权，培养更多的人才和帮手，共同建设企业。但是放权可不是随便说说那么简单，它改变的是整个企业的权力结构，有可能还会改变企业的运转模式，稍不留神就会造成恶劣的后果。所以要办好企业，就必须拥有下放权力的智慧。

放权是对企业的最好检验

企业的放权工作做得不好，通常会有两种表现：一种是领导不肯放权，结果导致员工畏首畏尾，不能发挥自己的全部实力，反而会减缓企业的发展速度；另一种是企业过度放权，而员工没有能力使用这些权力，结果就是权力越大，错得越多。

一个人的能力始终是有限的，放权是企业成长过程中的必经之路。因此是否擅长放权，其实是对企业领导的考验，同时也是对企业管理结构的最佳检验。有效地放权，会促使公司向前发展，员工得到权力之后，能够用更大的热情投入工作，创造更大的价值。

在现实生活中，放权可不是那么容易的事。很多企业家好不容易把公司发展壮大了，却在这个问题上遇到了麻烦。他们发现，想找个合适的下属放权真是不容易。因为他们总是对下属不放心，担心他们不能按时完成工作或者出现错误。

作为企业创始人，你可以领导后来加入的部门经理、员工们，也可以在必要的时候指导他们，带领他们成长，但是你不可能永远取代他们。如今这个时代不再需要控制欲强的领导风格，试图对别人施压是注定要失败的，因为在一个复杂的环境中，它起不了任何作用。如果你还对此有怀疑的话，请尽快转变观念。

现在的公司更看重领导者的个人魅力，而不是强制管理。员工们之所以追随企业家，一是因为薪水，二是因为他们在企业家身上看到了希望，在那里他们将会得到更广阔的天地。今天大多数公司都采用矩阵管理，使公司各部门相互联系起来，即使离开了企业家，他们也能照样运行下去。

恩威并施才能真正做到放权

管理学当中有一个重要的原则，那就是对待下属要恩威并施。

要特别注意恩威之间的协调和配合，只有威，没有恩，就变成了压迫；只有恩，没有威，就变成了纵容。每个人都希望自己被别人重视，也就是所谓的自重感，只要你满足他的自重感，那么他就会为你做你想让他做的事。

对恩和威的使用要看情况决定，不要胡乱使用。如果没有任何缘由地给予威吓，就会显得不讲道理。作为一个管理者，不能没有原则，也不能不近人情。没有原则，就没有威信；没有人情，就没有人脉。

我们所说的人情，不是让你请下属吃饭、唱歌，这些都是利益上的东西，不一定能带来真感情。真正的人情，是日常生活和工作中的交流与信任，让员工和下属对你产生一种亲切感、信任感。

所谓的施威，也不是让你罚下属的钱、扣他们的奖金，甚至是劈头盖脸地痛骂等。真正的施威，只需要一句"这件事你做得太差劲了"，或者"你的能力就只有这么一点点吗"，就能让下属认识到自己的错误。

通过恩威并施，我们也可以看出下属的心理变化。胜不骄、败不馁的下属，才是最具有潜力的人才。

把大权握在手中，适当分散小权

下放权力不应该急于一时，而是应该循序渐进，在不断的尝试中，分散给对应的单位和人。管理者应该坚持抓大放小的原则，逐步下放权力，这样既可以为下属提供学习的机会，使企业能够继续发展，又可以避免突然出现的危机，保障企业的安全。

下放权力要循序渐进

很多时候，企业家们都在羡慕别人，"怎么竞争对手就能找到这么好的下属呢？""为什么我手底下的人能力都这么低呢？一点点小事都办不好。"其实，对手此时或许也是这么想的。大家都在羡慕别人，却很少回头看看自己的下属。不关注自己的员工，不去培养员工，他们又怎么可能成长得起来呢？

真正的管理学大师，并不需要亲自冲到最前线，他们会培养出最优秀的学生，而这些学生能够发挥的能量，比大师本人更为耀眼。最好的方法是逐步下放权力，先将一些相对轻点的任务交予下属，并及时跟进，出现问题及时纠正，由简至繁，由轻至重，逐步将某单一事件的决定权交予一个人。此时要把大权握在手中，不要放松，以免企业偏离航向。

在下属工作的时候，管理者不必亲自参与，只需要时不时地抽查工作进度，负责把关和审核工作即可。很多时候，过度的干涉会给下属造成压力，降低工作效率。例如在招商合同签订过程中，由于之前的细节已经敲定完毕了，此时只需要找到相关人员总体负责就行了，领导者没有必要做过多的干涉。

这种逐步放权的方法，一方面是和下属的熟练程度有关，另一方面也是和人性有关。人性天生就是喜欢懒散的，勤劳是后天训练的结果，也正是因为这一点，成功的人才会那么少。一开始就给予过大的权力，难免会给下属造成一种错觉，让他误以为自己能力超群，不会犯错了。其实任何人都有犯错的可能。逐步放权，可以让他们亲自上阵，尝试失败，却又能够避免造成更大的损失。

管理制度为权力下放保驾护航

通用电气董事长兼CEO杰克·韦尔奇有一句名言："管得少就是管得好。"说的就是权力下放。但是这句话里还有另外一层意思：

管得少，不代表放任不管。即便是权力下放，也应该采取有效的管理措施，而不是把任务一股脑地丢给下属，却不给他们任何有效的指导。

1. 不要只问"懂了没"

管理者在介绍任务的时候，总是喜欢对着下属问一句："我说的你听懂了没？"很多下属几乎是条件反射地回答说："懂了。"他们真的懂了吗？这只有他们自己知道。因此，管理者应该改变问答方式，可以让他们在纸上记下重点，并且在介绍完毕之后，请他们复述一遍刚才的重点。

2. 明确责任与指标

管理者要把任务的重点讲得清清楚楚，尤其是下属的责任以及考核的指标。让下属明白，他们必须达到哪些具体目标以及在什么时间内完成，否则他们就会像无头苍蝇一样陷入混乱。

3. 明确放权的限度

让下属明白，"你的权力只有这些，除此之外，你还是应该向上级汇报"。你也可以把任务的重点列成清单，再根据"不可取代性"以及"重要性"的原则，删去"非自己做不可"的事，剩下的就是下属可以独立进行的"限度清单"了。

管理兵法：下放权力才能做到人尽其才

权力下放的目的，是让权力发挥更大的作用。权力下放就是给员工更多的自由，让员工能够充分发挥主观能动性，继而做到人尽其才，物尽其用。没有人是完美无缺的，也没有哪个人生下来就会做事，企业应当允许员工犯错，犯错的过程就是学习的过程。

商战经典

百事公司的权力下放策略

作为世界上最大的饮料和休闲食品公司，百事公司的用人策略非常大胆。在企业成立之初，百事公司的规模很小，为了在竞争中脱颖而出，百事公司从一开始就体现出了敢于用人并赋予权限的胆识。

罗杰·英力科起初是百事公司的一名普通员工，负责百事可乐饮料联营部的工作。他的工作方式非常激进，总是尝试着不同的工作方案。他急于翻新百事可乐的口味，结果却使产品积压了很久。然而，百事公司并未因这一"小节"将他搁置一旁，而是更看重他的冒险精神，看重他在工作期间取得的累累硕果，对英力科的这项任命很明显地表现出百事公司重视海外扩张的决心。

英力科不辱使命，很快扭转了颓势，使百事可乐成功在海外打开了一片广阔的市场。而他本人则顺利成为百事公司的全球食品联营部总经理。

作为一家后起之秀，百事公司的实力被认为低于可口可乐公司，然而百事却通过其独特的用人方式和产品策略，在全球市场上打开了广阔的市场，成为可口可乐公司的主要竞争对手。在百事的用人方式中，我们可以看到很多值得学习和借鉴的地方。对人才的充分信任，是百事的高明之处，也是很多企业可以学习的地方。

管理漫谈

疑人不用，用人不疑

中国古代有句话，叫"疑人不用，用人不疑"。如果怀疑一个人的能力不够，就不要贸然给他重要任务。如果你觉得他的能力足够担当大任，就放手让他去做，不要过多地干涉。

　　这句话中包含了两个前提。第一个前提是识人之明。面对眼前的那个人，你如何才能知道他确实是个人才呢？你又如何知道他确实能够解决眼前的难题，带领企业走出困境呢？这就要考验领导者的眼光了。你要见足够多的人，看看那些优秀的人才究竟是怎样发挥才能的，每次都要分析，要琢磨，要带着对人的判断来和人沟通，并不断通过事实的反馈来纠正自己的判断，提高判断力，所谓有心胜无心。

　　第二个前提则是用人之度。很多领导有识人之明，他能从人群里看出谁是人才，谁是庸才，但是他不会用人，或者说他对人才不放心。任务派发下去以后，他总是处处提防。这样的领导也是不合格的，因为他会让人才失去信心，没有积极性，最终的结果只会是一塌糊涂。

　　做到这些还不够，领导还应该给人才犯错的机会。没有人是完美无缺的，应当允许员工犯错，犯错的过程就是学习的过程，让员工学习与成长是企业的责任。

第十七章

彼得法则：完善内部晋升制度，
使晋升流程可视化

◇ 彼得法则会对企业产生什么样的危害？

◇ 企业应该如何避开彼得法则的陷阱？

◇ 在个人潜力和绩效数据之间，管理者应如何
考量？

◇ 企业的晋升机制是如何解决彼得法则的？

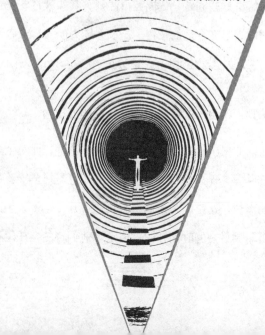

人事任免要避开彼得法则的陷阱

人事任免是企业的重要流程之一，企业借此实现管理人员的更新，从而实现整个公司管理结构的优化。彼得法则就像一个温度计，提醒人们企业的运转情况不好，必须尽快解决问题，不然就会走向衰败。解决这些问题，远离彼得法则，其实就是要完善晋升制度，让合适的人坐在合适的位置上。没有能力的人，或者说能力不够的人，不应该去做超出他们自身能力的事情。

彼得法则：不合理的任免会降低企业的战斗力

彼得法则的提出者是美国学者劳伦斯·彼得，他对企业管理进行长期研究以后，提出这样一个结论：人们总是习惯于获得比自身能力更高的岗位。这是因为人们都想快速晋升，走上人生巅峰，所以员工总是想用最短的时间升职，但是等他们真的担任了那个职位之后，才发现自己的能力原来还差得远，这样的人肯定不能发挥这个岗位该有的作用。

说得简单一点，彼得法则实际上揭示了一个"劣胜优汰"的现象，但是企业真正需要的是"优胜劣汰"，所以说彼得法则对于企业来说就是一个陷阱。它会降低企业的战斗力，还会在社会上造成一种急躁的风气。

如果一家企业中了彼得法则，它会有哪些表现呢？其实很简单，我们只需要聆听各级人员的谈话，就可以从中发现端倪。

例如，高层喜欢说："新政策推行的效果很一般，你们中层要有执行力！"

中层管理者又会推脱："压力太大了，市场变化又太快，我们的员工素质跟不上！"

轮到员工时，员工也有话要说："这些领导是不是有毛病？一会儿要我做这个，一会儿要我做那个，我又不是三头六臂，你们能想好了再下决定吗？"

看到了吗？公司上上下下都不满意，每个人都认为对方的能力不足，实际上是每个人的能力都不够，每个人都在给对方制造麻烦。

如何应对彼得法则

任人唯亲最容易导致彼得法则的发生，不看人的能力，只看亲疏关系，这种习惯是非常不利于企业运转的。长此以往，企业里留下的人只会是一群溜须拍马的人，那些真正有能力的人，就算他们做得再好，也得不到该有的岗位和奖励，迟早会离开公司。所以，杜绝任人唯亲的习惯，是远离彼得法则的最直接的办法。

　　造成彼得法则的另一个重要原因是用人不当。有的人适合做技术，但是对管理一窍不通。要留下人才，还要充分发挥人才的作用，引导人才的成长。不要把所有的人才都提升到管理岗位上，因为并不是所有的人才都会管理。对于技术性人才，不妨多给一些物质上的奖励和荣誉奖励，这样可以使他们显得更重要。

晋升机制不能只看绩效数据

甄选人才是企业管理中的一个环节，在这个环节中，绩效考核起到了非常重要的作用，然而绩效考核也有局限性，不能反映所有的情况。所以在评价一个人时，不能只靠绩效上的数据，还应该结合他在现实工作中的一些其他表现，以及他身上蕴含着的潜力，最大限度地减少晋升中出现的问题。

不要把期望全部寄托在绩效上

绩效考核的目的是什么？

你是否仔细考虑过这个问题？最后又得出了什么答案呢？大多数人心里想的是"绩效考核能帮我升职加薪"。他们唯一的希望，就是把KPI的数值给推上去。有人会告诉你"我们实施绩效考核就是要在工资上拉开差距，打破平均主义"，有人会告诉你"我们实施绩效考核就是要淘汰掉那些表现差的员工，实施末位淘汰"。但是企业领导很清楚，判断一个人是不是人才，绝对不能只看绩效。

有位EMBA教授说过这样一句话："晋升看能力，奖励看业绩。"企业的晋升机制应该看能力，但是一个人的能力有很多种，业绩只是其中一种，此外还有逻辑思维能力、领导能力、分析能力等。业绩好，可能是员工了解市场，可能是员工善于营销，也有可能是单纯的运气好。有了业绩，就要给予奖励，但是不能只按业绩来评价管理能力。有的人适合做销售，但是不适合做领导。就好像有的士兵枪法很好，但是军队不会因为他枪法好就让他担任指挥官，这完全是两个领域的事。

然而，在现实生活中，人们往往很难逃脱这个误区，看到业绩很好的员工，就觉得他们能力很强，有被培养成管理者的潜力，于是委以重任。有的企业家或许头脑清醒一些，会花很多时间考察他们的各项能力，避免出现彼得法则陷阱。

不要用一张表格给员工定性

我们常常会在企业中看到这样一种现象：平时企业里的人们都在安安静静地上班，只负责处理眼前的工作，对填表格、报数据之类的工作完全没兴趣。但是等到一个特殊的时间点到来时，所有人又都热火朝天地忙着填表格了，真是临时抱佛脚，具体有多少作用，也没有人清楚。更要命的是，很多管理者正是凭着这样一张匆匆赶制的表格，给自己的员工下判断。

这种情况通常出现在小企业里，老板缺乏深度管理的经验，一心想要摆脱粗放式管理，建立现代化的管理系统，他们认为填写表格就是深度管理的全部内容。但是他们又把表格和工作割裂开了，工作的时候，只想着如何提高效率，关注的重点都放在员工身上。等到一切工作结束以后，才抽出一段时间，专门突击填写表格，甚至连许多与工作无关的表格也要填写，然后就用这张表格来衡量员工的价值。假如表格上的数据低了，他们会说："商业场上就是胜者为王，败者为寇。"完全忽视了员工的其他能力。这种现象的背后，就是企业对数据的过度迷恋，可以称之为"表格依恋症"。

要知道，表格是一种管理工具，要科学地使用它，才能使它发挥出应有的作用。使用工具的目的是帮助我们达到最低标准，填写表格仅仅是绩效管理的手段之一，绩效沟通才是管理应该致力做好的重点工作。管理者要尽快认识到这一点，在实际工作中做出改变，与员工保持高效的绩效沟通，致力于帮助员工改善绩效水平，提高员工的各项能力，使管理真正成为一个提高效率的帮手，而不是造成误判的负担。

管理兵法：完善晋升系统，让员工看到希望

公司需要完善的晋升制度，让能力更强的员工走上更高的岗位，这是保证企业活力的重要因素。正所谓"管理是盯出来的，技能是练出来的，办法是想出来的，潜力是逼出来的"。完善的晋升系统，实际上也是一种刺激员工的方法。它把最好的员工提上去，把最差的员工淘汰掉，有上，有下，这才是健康的管理系统。

商战经典

微软：优秀的晋升机制留住人才

大多数公司发展到一定程度，都会面临彼得法则的困扰。有的老员工跟随企业奋战数十年，把自己的一生都交给了企业，不可谓不忠诚，但是当他们能力下降时，继续让他们待在原来的位置上，只会拖

慢企业前进的步伐。而后来加入企业的新员工，又会出现难以晋升的情况。只有不断完善晋升机制，才能将更优秀的员工留下来。

这个问题微软也遇到过，在微软发展壮大的过程中，如何确保能力突出的新员工的持续涌入，将会决定微软未来的道路。微软的做法是，当新员工入职后，着重培养他们的技术能力，而当他们的能力到达极限之后，着重培养他们的管理能力，逐渐把他们从技术岗位推到管理者的岗位。在职能部门，典型的晋职途径是从新雇员变成指导教师、组长，再成为整个产品单位、某个功能领域的经理。在这些经理之上就是跨产品单位的高级职位，这包括职能领域的主管或者在Office产品单位中的某些职位。

事实证明，微软的这一套做法是很合理的。微软既留住了新员工，又给老员工准备了一条后路。特别是对于微软这样一个快速发展的公司而言，是极为难能可贵的。调查表明，微软用自己独特的晋升机制，给员工提供了优良的待遇，被公认为是该行业的最佳工作场所之一。

`管理漫谈`

为什么薪酬和晋升机制无法留住员工

很多管理者都有这样的疑问：明明企业已经很重视员工的待遇

问题了，为什么员工还是不愿意留下呢？其实，原因很简单，那就是企业做得还不够好，没有真正打动员工的内心。

1. 薪水标准不合理

要留住员工，首先要提供合理的报酬。现代企业的管理原则之一就是标准化，提倡以岗位价值为基点，再结合能力、业绩等因素决定薪酬数额。凭借对薪酬制度的了解，员工能够对自己的薪酬水平有所了解，并且愿意接受这个价格。但是很多企业往往做不到这一点，有的领导者甚至在结算工资时处处克扣员工的工资，该给的奖金不愿意给，不该扣的工资反而扣得非常积极。这种行为非常容易挫伤员工的积极性，尤其是在平等观念深入人心的今天，跟玩火没什么区别，最终损害的还是公司的利益。

2. 晋升机制不合理

过去的企业都有一个问题，那就是晋升机制不规范。正常的晋升机制应该综合考虑工作经验和工作能力。然而有的企业按工作年限确定晋升，在企业工作的时间越长，越容易获得提拔，但是这种做法只会带出一大批老兵油子，他们能力不强，脾气倒不小。还有一种表现则是任人唯亲，把公司做成了家族型企业，能力优秀的外人无法得到应有的职位，而领导亲戚却把持着高位。这种根深蒂固的行政等级观念，导致很多企业的薪酬标准与员工的实际能力、贡献不符。

第五部分
提升企业执行力，打造强悍的执行团队

　　说到企业管理，就绕不开执行力，没有执行力，一切都是空谈。许多企业家不知道如何做管理，也不懂怎么带团队，结果将团队搞得一塌糊涂，再好的计划也执行不下去。强化执行力是一项持续工程，要在管理中不断完善。企业应当不断提高团队的执行力，让执行力为深度管理开道。

第十八章
帕累托法则：20%定策略，80%去执行

◇ 帕累托法则在现实生活的哪些领域中得到了运用？

◇ 企业如何利用帕累托法则指导工作？

◇ 在现实生活中，帕累托法则有哪些局限性？

◇ 你在生活中有过运用帕累托法则的经验吗？

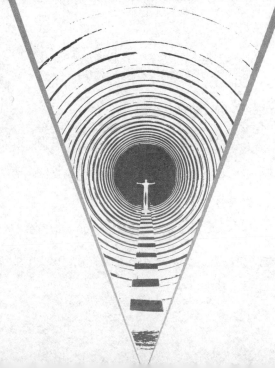

不重要的80%和重要的20%

有一个残酷的现实是，我们在生活中付出的80%的努力都是无关紧要的，真正起决定性作用的往往只有很少的一部分。帕累托法则告诉我们：在任何一件事物中，最重要的只占20%，其余的80%成为次要因素。

那么，在企业管理中是否也存在这样的现象呢？

有决定性效果的行动只占20%

1897年，意大利经济学家帕累托发现了一个有趣的现象。他在研究英国人的财富和收益模式时发现，大部分财富流向了少数人手中，这少数人理所应当地成了富人，然而剩下的大多数人依然处于贫苦之中。后来，他又着手研究其他国家，发现情况完全一致，就连富人和穷人的比例都惊人的相似。由此，他得出一个结论：在社会上，大约20%的少数人占据了80%的财富，而剩下80%的人必须在20%的财富中挣扎。

后来，帕累托的这条结论又被延伸到其他领域：

社会学家认为，20%的罪犯完成了人类80%的犯罪行为；

心理学家认为，20%的人身上集中了人类80%的智慧；

教育学家认为，20%的人占据了80%的教育资源；

企业家们认为，20%的产品创造了80%的销售额，20%的客户为企业带来了80%的收益，20%的管理产生了80%的效果；

甚至有人提出，80%的离婚是由那些20%的人造成的，这些人频繁离婚，拉高了人类整体离婚率的平均值，也正是由于这些人的影响，使得其他人对婚姻产生了悲观思想。

因此，帕累托法则也被称为二八定律，即在任何一件事物中，最重要的只占20%，其余的80%成为次要因素。

如果运用在企业管理中，我们也可以得出结论：重要的管理行为只占20%，不可以轻易改变；而剩下的80%没有那么重要，可以随意更改。

如何抓住关键的20%

说起帕累托法则，很多企业家讲得头头是道，真正用起来时却毫无头绪。关键在于，他们没有找到重点。要抓住这关键的20%，可以从以下四个方面进行。

1. 从管理理念做起

帕累托法则是一种管理理念上的革新，相对于过去那套事必躬亲的管理模式，更强调集中精力办大事，有所为而有所不为。因此，管理者要改变自己的管理理念，将着力点集中到20%的重点要务上来，抓住关键的人员、环节、岗位和项目，将有限的精力向重点方向倾斜，实现重点突破，以点带面。至于那不重要的80%，就是下属员工需要操心的事了。

2. 做好拳头产品

企业需要一个核心部门，一个拳头产品，这是企业的立身之本。做好这个产品之后，才能在其他产品上投入资源。打造强势品牌，是每个企业都梦寐以求的，而品牌的强势，关键在于产品的强势，在于拳头产品的强势。例如格力的空调、娃哈哈的饮料、大众的汽车。

3. 留住关键顾客

企业最喜欢做回头客的生意，做得好的企业，会收获一批忠诚度极高的客户。这些客户对企业的成长起到了至关重要的作用，他们会主动帮助企业进行宣传，这就是口碑的作用。因此，在产品营销中，不能不偏不倚地将力量平均分摊到每一位顾客身上，应将有限的资源投入需求度很高的顾客身上。

4. 加快货品流动

货品的流通速度在一定程度上影响了企业的发展，尤其是在消费品领域，这种现象尤为明显。因为一批堆放在仓库里的货物，会给回款带来阻碍。企业生产产品，为的是尽快售出，长久储存的那叫投资。现代企业需要建立库存管理系统，运用信息技术和物流体系，力争达到"零库存"的状态。

管理兵法：帕累托法则在现实中的运用

帕累托法则可以用来指导企业的决策，也可以在生活中得到运用。它为我们指出了生活中的有效时间。所谓的有效时间，就是你引起别人对你关注的时间，只要你肯认识你的有效时间，它就是一条卓有成效之路。

商战经典

谷歌的"20%时间"策略

谷歌的"20%时间"策略在业界可谓赫赫有名，它规定员工们可以从每天的工作时间内抽出20%的时间，用来研究自己喜欢的项目。从建立之初，这个策略就被推出来了。

谷歌的"20%时间"的重点在于自由，而不在时间长短。实际情况是，自由是一把双刃剑，对于自控能力较差的员工而言，再多的自由也会被他们浪费掉，而不加限制的自由还会使他们变得难以管理。而对于自控能力较强的员工而言，自由就意味着创造力，倔强的创意精英们极度需要自由，当他们的灵感来临时，他们不达目的不罢休。

谷歌招收的员工都是接受过良好教育的人才，早在校园里面时，就已经养成了良好的学习习惯，进入公司以后，很快就能养成良好的工作习惯。所以，与其说他们的工作时间是100%，不如说成是120%，因为他们在下班以后，往往会继续思考，把白天消耗的20%的时间弥补回来。

在这种策略的激励下，谷歌员工的创意能力变得非常强。谷歌的许多产品都出自这个政策，其中最著名的就是谷歌邮箱Gmail，此外还包括语音服务Google Now、谷歌新闻（Google News）、谷歌地图（Google Map）上的交通信息等。

管理漫谈

利用帕累托法则管理人力资源

在生活当中，帕累托法则也在影响企业的人力资源管理，它会不自觉地表现出80/20的模式。

企业都希望找到能力出众的得力干将，而这些人往往人数稀少，是"关键少数"的成员。这些人能够为企业带来更高的收益，同时也会为企业的管理带来挑战。为了找到优秀的人才，企业不仅要支付发现成本，还要承担招聘失败所带来的风险，因此必须要慎之又慎。招聘一个高端人才，需要付出的时间和精力远远超过招聘一个普通员工。对于这些关键员工，公司开出的薪水也远远超过普通员工，这正是帕累托法则在人力资源管理方面的体现。

我们经常说"能者多劳"，在一些公司中，80%的效益是由这些占20%的"关键少数"成员们创造的，对这些关键人才进行有效的管理和开发，是提高企业核心竞争力迫切需要解决的问题。

第十九章
阶梯法则：每个阶梯都有
合适的计划

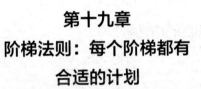

◇ 在市场中，企业通常可以分为几个阶梯？

◇ 阶梯法则是怎样影响企业决策的？

◇ 想一想，你认为自己所在的企业处于市场阶
　梯的哪一步？

◇ 互联网营销中如何运用阶梯法则？

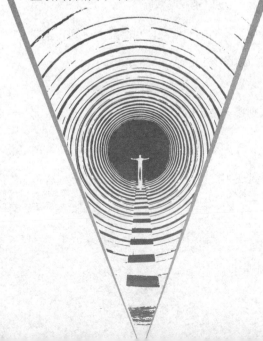

市场阶梯决定营销战略

阶梯法则是这样一种工具，它把市场上的企业按照实力上的差别，依次排列为一级、二级、三级、四级、五级、六级、七级等。管理者通过对市场行情和自身实力的评估，确认本公司在市场上所处的梯队位置，这就是阶梯法则。

在市场中，不同的企业实力也会有所差别，企业管理者应当根据自身的实力选择相应的经营管理策略。

阶梯法则是一种定位工具

每个企业家都希望把自己的公司经营得有声有色，最好成为顶尖企业，但是现实往往是很残酷的，真正能够到达顶端的只有寥寥几家而已。其余的公司要么沦为配角，要么寂寂无声，有的甚至彻底失败了。占据首要位置的固然是经营管理的第一目标，但是做不到这点也不意味着失败，占有第二或第三位阶梯的厂商，也可以有自己的经营方法。

　　阶梯法则不仅仅表现在企业的硬实力上，也体现在消费者的心中。消费者在面对琳琅满目的商品市场时，受到各种因素的影响，心里肯定会对某些品牌产生偏好，他们会在心里自动形成一个选购顺序的阶梯。在这一阶梯上，各种品牌的商品各占一层。而站在梯队最顶端的品牌，就是他们最中意的品牌，为了这个处于第一梯队的品牌，他们愿意付出更多的代价。

　　价格因素也会影响品牌的阶梯定位，价格高的品牌，通常会给人造成一种高不可攀的心理感受。试想一下，假如现在瑞士手表的价格突然间跌到1～200元了，短时间内它的销量肯定会快速增长，但是它在人们心中的地位将不复存在，和义乌小商品市场上的那些普通手表没什么两样。

　　因此，阶梯法则就是这样一种工具，它可以帮助企业定位自己的产品，从而确定新品牌、产品从何处切入该市场，并采取适合该竞争环境的品牌传播手段。

根据定位决定企业的策略

　　阶梯法则的内容很简单，但是它的用处很大。在实施任何经营策略之前，你最好问自己几个问题：我们的产品在用户心中位于市场阶梯的什么位置？是第一位，还是第二位？或者根本就不在阶梯之内？重要的问题不在于如何实施营销计划，而在于这一营销计划是否与你的产品在市场阶梯中所处的地位相符。

那么，市场上究竟有几个阶梯呢？目前最常用的方法，是给市场划分7个阶梯。这种方法是从西方社会传过来的，正如一周七天一样，把同一个类型的市场划分成7个等级。哈佛大学的心理学教授Dr. George A. Miller曾经说，人类智力通常不能同时处理超过7件事情。

如果你愿意，也可以根据市场行情更换成你喜欢的数字，比如3个、5个或者9个。产品市场有多少个梯阶，这依赖于你的产品类型。通常高密度使用产品的阶梯数较多，因为人们每天都会接触这些东西，对它们的了解比较深刻，例如香烟、可乐、啤酒、牙膏、食品等；而低密度使用产品的阶梯数较少，原因很简单，因为人们对它们不是很了解，也不会经常去研究它们，只能粗略地将它们划分为几个等级，例如家具、箱包等。

按照阶梯化方式管理企业

经营一家企业，就好比在大海中驾驶航船，要前往目的地，首先得认清自己所在的位置，然后才能确定前进的方向。利用阶梯定位法则，企业可以很清楚地找到自己在市场中的定位，在面对竞争对手时，也可以在心中有个大致的力量对比。有了准确的定位之后，才谈得上制定准确的战略，接下来才能找到潜在的消费者，进而确立自己的发展优势，在商战中求得生存与发展。

阶梯定位是企业前进的旗帜

很多企业对自身没有明确的认识，就连对自己在市场中的实际定位也不清楚，这也是为什么它们总是制定错误策略的原因。想象一下，如果一支军队上了战场，却发现自己迷失了方向，连敌人在哪里都不知道，这该是一种多么可怕的场景。在滑铁卢之战中，法军统帅格鲁西元帅就犯了这样一个错误，他没有对战场情势做出正确的判断，没有奔向急需支援的拿破仑，而是前去追击普鲁士军队，最终导致整个战场的溃败。

全球最顶尖的营销战略家杰克·特劳特曾经提出，企业必须在市场中确定能被顾客接受的"品牌定位"，然后再以这个定位引领整个运营。简单来说，就是推出品牌，并在消费者心中打下烙印。如同那个曾经在全球市场上势如破竹的苹果公司，iPhone手机的出现，彻底打乱了全球手机市场，无论是外形设计，还是颜色搭配，都显示出了与众不同的气质，成为手机市场上的一面旗帜。

企业管理的五级阶梯模式

通过对阶梯法则进行延伸，我们也可以对企业经营划分出五个管理等级，按照从简约到复杂的程度依次排列，管理者可以根据自家公司的情况选择相应的管理模式。

1. 自由式管理

这是管理的最初阶段，可以说几乎没有管理，最适合规模很小的初创型企业。在这样的企业中，管理者和员工都是彼此相识的朋友、亲戚、同学等，他们的地位几乎是平等的。过于繁杂的规章制度，有时反而会影响到彼此的感情。缺点也很明显，就是缺少规章和章程，工作中出现问题，反过来也会给合伙人之间带来矛盾。

2. 强制式管理

在这个阶段，管理者开始有了制度管理的意识，但是缺少科学化管理，喜欢搞一言堂，对企业和员工的管理方式是强制化的。员工做好了，不一定受到表扬；做得不好，肯定会受到批评和处罚。企业管理表面上很有秩序，但员工往往口服心不服，工作积极性很低，不愿承担责任，办事效率较低。

3. 制度式管理

在这个阶段，管理者逐渐认识到制度和情感同样重要，因此在管理的时候，会有意识地处理制度和感情的关系。员工入职后，管理者会主动加强制度上的培训，做好了按制度奖励，做不好按制度惩罚，让员工产生遵循制度的意识。同时，企业的信息化建设也成为管理的重点，通过有效的ERP等管理系统，能够有效地提高信息搜集、分析、共享的价值，管理不再是冷冰冰的，而是更有温情了，因为大家都在投入其中。平时的工作也按流程来控制，企业对风险的控制能力提高了。

4. 人性式管理

在这个阶段，管理制度和流程已经成为企业的常态，管理者开始将眼光放在更高的水平上，也就是人性的基础上。通过提升人性化管理，将员工看作企业的重要资产，有规划的员工培训被提上日程。企业管理决策也不再是感觉或经验决策，而是基于历史数据的科学决策。管理的风险控制能力进一步加强，员工因为受到职业化的培训，工作的主动性和积极性有了更明显的提升，工作效率、创新能力与合作性也达到了新高度。

5. 文化式管理

在企业管理的阶梯中，这是处于最高梯位的管理模式，也是现在最受推崇的管理模式。处在这个管理水平阶段的管理者，开始用一些概念化的东西激励员工，促使员工把企业的梦想当作自己的梦想，把企业的价值观当作自己的价值观。对于企业而言，这是最宝贵的财富。员工在行为上体现出一种主动、互补、敬业乃至忘我奉献的精神，将职业视为事业的工作激情高涨。

管理兵法：互联网时代的管理法则

　　进入互联网时代以后，企业花钱雇人打工的时代已经过去，接下来立于不败之地的是愿意为员工搭建平台，与员工分享经营成果的企业。

　　而阶梯法则又发生了哪些变化呢？原有的管理模式是否需要改变呢？

商战经典

马云：用梦想点燃员工心中的火焰

　　马云的口才很好，因此给人留下"爱忽悠"的印象。然而奇怪的是，马云"忽悠"得越卖力，画的饼越大，台下的听众就越痴迷。马云凭借他的智慧和口才，为企业聚拢了大批人才。如果仅仅靠这些，肯定不足以留住人才。马云能够长久地留住人才是靠着更为重要更为可贵的东西——梦想。

说起梦想，很多人嗤之以鼻，认为这不过是又一次忽悠罢了。然而不同的是，马云真正实现了梦想。看着在台上演讲的马云，听众的梦想也被激发了，如同火山口的一股火焰喷涌而出。

从马云创业之初，他身边始终聚拢着一些有着共同理想的人。1997年，马云从杭州到北京去的时候，带去的是8个人。后来1999年从北京回到杭州，这8个人不仅一个都没有少，而且队伍还发展壮大到了18个人。

有人猜测，这些人之所以会留下来，完全是因为当初马云支付了很高的工资。对此，马云说："不可能说高薪，怎么可能高薪。当时我觉得有一点是蛮感动的，决定离开北京以后，我们去了趟长城。这个镜头我到现在还记得。那天很冷，到了长城上面，有一个人在长城上号啕大哭，他说：'我们为什么杭州做得蛮成功，到了北京，北京做成功以后又要丢掉。'然后在长城上面我们8个人就发誓说：'我们回去，我们就不相信我们不能建立一个伟大的公司。'所以在长城上我们说要建立一个中国人创办的、全世界最好的公司，所以有的时候在最困难的时候，我们永远要回忆这个东西。每一年我跟这18个人就吃一顿饭，有时候都见不到，当然我们吵架很多了，吵架太多，犯的错误也太多了，但是我们互相信赖。"

管理漫谈

移动互联网时代的管理法则

随着移动互联网的发展，企业的经营管理模式也发生了巨大的变化。这一切都得益于移动互联网的用户规模以及生态的多样性。在互联网营销方式日渐丰富的今天，我们应该如何选择行之有效的管理方式呢？

在移动互联网时代，阶梯法则仍将继续存在，并且会以越来越快的速度完成分阶工作。过去，一家企业可能需要很长时间才能从初创企业逐步扩张成大企业，但是在移动互联网时代，信息的传播可以用光速来形容，一个新产品可能在一个月之内就能出现在全国人的手机上。它们或许不用再像传统企业一样，经历数年乃至数十年的积累，才能从阶梯的最底端爬到阶梯的最顶端。永久自行车集团用了几十年时间，也没能彻底统一中国的自行车市场，而摩拜单车借助移动互联网的推广，仅仅用了半年时间，就迅速瓜分了大片市场。

移动互联网的一大特点就是办公碎片化，这是因为手机已经成为人们的主要联络工具了，沟通变得非常便捷，人们只需要持有一部手机，就可以完成很多工作内容。在这种背景下，企业逐渐出现管理平台化、组织扁平化的趋势。另外，80后、90后员工逐步在管理中占据重要地位，他们向往自由，更加注重个人价值的实现，从而推动了管理模式的改变。这就要求未来的企业要文化多元，机制创新，为员工提供更多的机会和资源。

第二十章

奥卡姆剃刀法则：给企业管理做减法

◇ 奥卡姆剃刀的本质是什么？

◇ 如何用奥卡姆剃刀减除不必要的管理行为？

◇ 为什么说逐层分解目标可以提高工作效率？

◇ 你所在的企业中，有哪些管理是非必需的？

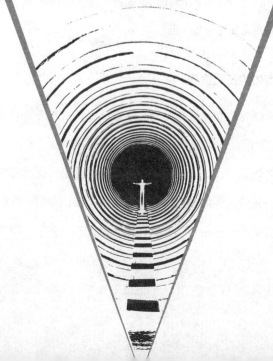

奥卡姆剃刀——不简单的简单管理

"如果你有两个或多个类似的解决方案，请选择最简单的那一个"，这就是著名的"奥卡姆剃刀"。将奥卡姆剃刀法则引入企业管理中，可以排除不必要的管理手段，让企业的组织结构更年轻，把复杂的问题变得更简单一些。

简单有效的企业管理

奥卡姆剃刀法则，是由英格兰逻辑学家、圣方济各会修士奥卡姆的威廉提出的，总结起来，可以用一句话概括："如无必要，勿增实体。"也就是说，能用一天时间解决的问题，就不要拖到第二天；能用一元钱买到的东西，就不要花两元钱；能用一份精力解决的问题，就不要花两份精力。做任何事情，都应该坚持简单而有效的法则。

对于企业管理而言，奥卡姆剃刀尤为重要，因为复杂的执行步骤会给工作增加难度，降低工作效率，而且这种难度的增加度往往是呈正比上升的。假如工作中只有1个步骤，我们把它的工作难度看作1；假如需要2个步骤才能完成，那么工作难度可能就会变成4；假如需要3个步骤才能完成，那么工作难度可能就会变成9。

很多企业就陷入了这种"复杂病"里，而企业管理者往往还不知道问题出在哪里。这些企业刚刚创立的时候，员工的个人能力和企业的组织能力都不强，一件事情可能要分成2个步骤来做。随着企业的逐步扩张，管理者还是按照原先的计划安排工作。业务流程越来越紊乱，规章制度越来越烦琐，组织结构越来越臃肿，人际关系越来越复杂。为了提高公司的工作业绩，不断地招人、加班，希望用数量累积数量。但是他们没有意识到公司的工作效率远远低于竞争对手，也不知道如何用优化管理来提高效率。

改变思维观念，为管理做减法

在现实生活中，想要运用奥卡姆剃刀法则，就要从思维观念上入手，这样才能做到真正为企业服务。

过去，企业管理更喜欢用"加法"的概念，总是认为管理越多越好，管理越细越好，仿佛监督的人越多，工作效率就越高。但是我们也经常看到"一个人干活，三个人监督"的场景，你会认为这种管理方式很科学吗？所以说，真正的管理不是越多越好，而是适度最好。要做深度管理，不妨从思维转变上做起，把原来的"加法"思维变成"减法"思维，尽量减少不必要的管理模块，正视企业的实际需求。

"管理"这个词，听起来似乎很复杂，其实完全可以做得很简单。很多事情本身并没有那么复杂，而是我们把它搞复杂了。比如有的管理者很喜欢开会，即使没有任何事情，也要把员工召集起来开个会，但是我们是否仔细想过，这些会议真的是必须开的吗？这些文件真的是有用的吗？

逐层分解目标，明确每个人的任务

企业做事有明确的计划，这让我们在前进的过程中可以清楚地看到不合理的地方，进而加以改善。各职能部门的目标是不相同的，但是它们都有一个共同点，就是围绕着如何完成年度销售额进行，所以我们可以把企业的任务分解成一个个具体的小目标，然后指派给各个部门。

把工作任务分解成一个个小目标

在工作过程中，如何利用奥卡姆剃刀法则提高工作效率是一个不得不思考的问题。假如直接对员工说"我要用奥卡姆剃刀法则提高工作效率"，估计没有人能听懂你在说什么，就算听懂了，也不知道你究竟想要如何去做。因此，最好的方法，是把工作任务细分成一个个小目标，这样我们就能细致地观察，分辨出到底哪个步骤需要改善。

要分解工作任务，可以有多种方式，最常用的方式就是按照时间来划分。可以将整体目标合理地按照季、月、周、日来分解成各个小目标。在分解的过程中，要让销售人员写出实现整体目标的必要条件，画出小目标，进行第一层分解，再写出实现每个小目标需要突破的困境和条件，做充分准备。遵循相同的方法，一直到写出所有的目标分解才算完成。

当分解任务完成以后，我们就可以对每个小目标进行思考，看看在这些小阶段内，企业的经营究竟有哪些困难和不足之处。例如，现阶段客户的特性、需要多少客户来做支撑、目前的客户量、客户的回购率、合作的机会点、产品组合的规划甚至客户的习惯性等。通过对以上几个问题的整体思考，销售人员就能够精准地掌握每一个阶段要达成目标需进行哪些工作，最后制订出一套完整的行动计划。

将执行力落到实处的三大标准

通过奥卡姆剃刀法则，我们可以减少很多不必要的浪费，将工作效率提升到一个新的平台上。经过管理改良之后的企业团队，在日常工作中会有以下几种表现，这些正是执行力落到实处的表现。

1. 以结果为评判标准

企业中的事情，就应该遵循企业中的法则，工作中非常重要的一个准则就是以结果为导向。假如一家企业内的员工都把结果看得很重，都为企业的业绩着想，那么这就说明他们对工作的目标非常明确。他们在工作的时候，不会过多地犹豫，认准了目标就会去努力。这也从侧面说明，当前的管理模式很适合他们，不会给他们造成阻碍。

2. 说过的话算话，不会食言

企业是许多人共同奋斗的场所，在企业内部，员工之间应该同心协力，不应该存在过多的钩心斗角。因此，在制定管理制度的时候，防止内部争斗也是必须要考虑的内容。优秀的管理制度不会给员工撒谎的机会，只要是通过正式渠道做出的承诺，就会留下证据，迫使他们说到做到。

3. 奋勇拼搏的工作精神

工作精神大致可以分为三种：一种是积极向上的，这通常说明企业的管理措施得当，企业正处于上升期，每个人都对未来充满了野心和希望；一种是安定平和的，通常说明企业运行平稳，每个人都在规规矩矩地办事；还有一种是颓废消极的，这说明企业管理不善，正在走下坡路。

管理兵法：精简工作系统，强化执行力

烦琐的报告不仅会让人眼花缭乱，还会使人失去信心，倒不如把工作计划尽量精简，做成一份可行性很强的工作计划。办事手续由繁变简，形式由暗变明，速度由慢变快，企业的效率就是这样得到提升的。

商战经典

奥卡姆剃刀帮助通用电气获得成功

1981年4月，当杰克·韦尔奇成功登顶美国通用电气公司时，他面临着一个难题：通用电气公司的营业额在逐年提升，公司的执行力却在大幅下降，如果不尽快扼制住执行力下降的势头，恐怕用不了多久，通用公司就要走下坡路了。

美国企业界历来存有这样一种共识，他们认为经理们的工作就是发发通知函，再举办几场高层会议，确认和其他企业的运转一样即可。一句话，经理就是监督部下正常工作。而对于这种陈腐的传统，杰克·韦尔奇非常厌恶，他认为这些经理们都是些官僚管理者。

韦尔奇决定召开员工大会，在会议上，他毫不留情地批评道："一些经理们，总是喜欢把经营决策搞得毫无意义地复杂与琐碎。他们将管理等同于高深复杂，认为听起来比任何人都聪明就是管理。他们不懂得去激励人。

韦尔奇非常厌恶"经理"这个词，因为"经理"更像是一个被动的辅助者，没有灵魂地游荡在企业里。相反，韦尔奇非常钟爱"领导者"这个词。在他看来，"领导者"充满了激情，可以清楚地告诉人们如何做得更好。正是在这些想法的指导下，通用公司的管理模式逐步发生了变化：管理部门的数量得以精简，上下级的沟通却得到了加强，而通用公司则保持了连续20年营业额上升的辉煌战绩。

管理漫谈

执行力去哪儿了

许多企业家都有这样一个感触：企业的规模越来越大了，但是企业的执行力却越来越弱了，原本只需要一个人就能做完的事情，现在换成两个员工却还是做不完。那么，企业的执行力究竟去哪里了呢？

造成企业执行力差的原因无外乎这几点：员工不知道怎么做，员工不知道做什么，员工工作起来不顺畅，员工不知道这样做有什么用，员工知道就算不做也没什么坏处。

如何将执行力贯穿到整个企业管理过程中？这需要借鉴优秀的管理系统，关键有两点：人的执行力和目标的落实。企业的执行力取决于各阶层团队的执行力，如果光靠领导的几场讲话，是不可能提高执行力的，也许员工刚开始会激动一下，但是过不了多久他们就会回到老样子。

如果一家企业的管理十分混乱，审批流程又非常烦琐的话，就会造成一种尴尬的局面：下面的员工急等着资源开工，而上面的老总却丝毫不知情，时间都被浪费在中间的沟通阶段了。

企业应当采取灵活的管理模式，保持信息在管理软件上的及时汇报，并且做好信息共享和信息记录。这样，从员工到经理，从总监到老板，包括行政、财务，都能够在一个管理软件中共同获得信息的分享，能够及时采取措施去处理同一件事，所以工作起来就会非常顺畅。

第二十一章
快鱼法则：永远比对手领先一步

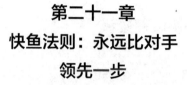

◇ 快鱼法则对现代企业的启示是什么？

◇ 在互联网时代，快鱼法则是否仍然适用？

◇ 企业如何做才能提高对市场的反应速度？

◇ 精简流程是如何提高企业反应速度的？

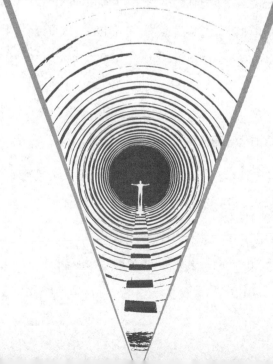

市场竞争就是快鱼吞慢鱼

市场是无情的，反应速度慢的企业，终将会被历史淘汰，要想活下来，就要比别人跑得更快。思科CEO钱伯斯认为：在互联网经济下，大公司不一定能打败小公司，但是快的一定会打败慢的。互联网经济与工业革命的不同点是，你不必占有大量资金，哪里有机会，资本就会很快在哪里重新组合。速度会转换为市场份额、利润率和经验。

互联网时代唯有快者为王

十九世纪的英国作家狄更斯在《双城记》的开篇写下了这样一句话："这是一个最好的时代，也是一个最坏的时代。"当时的英国正处于第一次工业革命之中，社会经济出现了前所未有的巨变，其中充满了无数的机会，也有人被时代的巨轮远远甩下。

　　在传统商业时代，体量庞大的大企业就像大海里的大鱼一样，可以一口吞掉无数的小企业，此时的商业准则是大鱼吃小鱼。但是在互联网普及的今天，社会的变化比十九世纪更为激烈，小企业可以用短短数年垄断全球市场，大企业也可能因为一时的大意而走向失败。在这样一个时代，经济体量已经不能成为衡量企业前途的全部，能否迅速抢占潮流趋势，已经越来越重要了。今天的商业准则，已经从大鱼吃小鱼，变成快鱼吞慢鱼。

　　互联网的一大特征就是信息传播速度极快，一个商业信息在中国出现之后，可能一小时以后就会引起美国市场的震动。在这样的背景下，市场竞争也异常激烈，市场风云瞬息万变，市场信息流的传播速度大大加快。谁能抢先一步获得信息，抢先一步做出应对，谁就能捷足先登，独占商机。因此，互联网时代是"快者为王"的时代，速度已成为企业的基本生存法则。企业必须突出一个"快"字，追求以快制慢，迅速应对市场变化。市场反应速度决定着企业的命运，只有能够迅速应对市场，才能避免成为失败者。

面对绝境，你需要跑得比对手更快

　　有这样一则寓言故事：

　　有两个人在森林里郊游，突然遇到了一只棕熊，其中一个人大惊失色，而另一个人看上去却一脸平静。惊慌的那个人问："你难道不怕棕熊吗？"

　　"还好，不是很害怕。"

　　"你难道跑得比棕熊还快？"

　　只见另一个人慢悠悠地说："不，我只需要跑得比你快。"

　　这个故事中蕴含的道理很简单：遇到危险，你需要跑得比对手快，那样直面危机的就会变成对手，而你则有了喘息的时机。

　　在市场发达的国家里，大企业通常会兼并和收购一些比较有发展前途的小企业。面对大企业的强大攻势，很多人选择妥协，虽然失去了领导权，但是获得了大批的资金支持。但是也有一些人选择抵抗，他们更愿意通过自己的努力，亲自将手中的小企业逐步发展壮大，从而获得更大的财富。这时，大企业就像是故事中的那头棕熊，而一家家小企业就像被熊追击的人。在这种境地下，就看谁逃跑的速度更快了。

建立快速反应的市场管理机制

市场信息千变万化，企业需要建立一套快速反应的管理机制，方能保持灵敏的嗅觉，及时获取有用的信息。然而快速反应不是一朝一夕就能达到的，需要训练和筹划，更需要最基本的数据资料作为支持，前提是这些资料必须是经过提炼的，经得起时间和实际检验的。

把"快"字刻进企业的精神里

在市场中，尽管面临着极度快速的变化，我们仍然能够看到很多反应迟钝的企业。这些企业大多缺乏危机感，获得一点成绩就沾沾自喜，失去了对危机的警惕性以及对环境的敏感度。这样的企业，从一开始就注定会失败，它们就像温水里的青蛙，逐渐等待失败的到来。

企业要时刻保持危机感，保持对未知世界的敬畏心，才能始终拥有快速反应能力。培养企业的执行文化，就是要把"快"字刻进企业的精神里。所有有利于执行的因素都予以充分而科学的利用，所有不利于执行的因素都立即排除。以一种强大的监督措施和奖惩制度，促使每一位员工全心全意地投入自己的工作中，最终产生务实、高效的执行力。

在这个过程中，管理人员要身先士卒，起到领头人的作用。把握方向和大局，及时解决遇到的各种矛盾和问题，纠正出现的偏差和错误，积极引导广大员工朝着正确的方向前进，促进企业发展。和普通的员工相比，管理者对市场的嗅觉更灵敏，对行情更加了解，所以他们总是能够用最短的时间做出正确的判断。

做到了这些还不够，深度管理有更高的要求。除了要发挥管理者的作用以外，还要调动起员工的积极性。失去了员工的参与，企业执行力就是个笑话。企业要将执行力培训作为企业自身的执行文化来修炼，这是一个企业优秀习惯的养成，也是企业文化的一个组成部分。所有企业的问题，事实上都是人的问题。多数企业的失败，都是由于没有建立起一种执行文化，而无法充分发挥力量导致的。

精简企业的研发管理流程

在企业的所有活动当中，研发是至关重要的一环。研发人员根据市场上反馈的信息，准确地发现消费者的心中所想，然后订立研发计划，做出新产品。在研发能力上，小企业和大企业的差别可以用天壤之别来形容，大企业在资金、技术、市场方面通常都能占据绝对优势。但是大企业也有自身的毛病，那就是过于复杂的管理减缓了企业的反应时间。俗话说"船大难掉头"，很多时候，那些大企业的领导者并非没有眼光，只是机会稍纵即逝，就像眼前突然出现了冰山，而他们已经没有时间调转企业这艘航空母舰的船头了。究其原因，是这些企业缺乏对市场的快速反应能力。

在研发管理上，企业通常都会有这样一条管理链：信息收集—市场调研—资料分析—试制样品—样品评测—正式生产—检验出售。其中，在样品评测这个流程中，就要花费大量的时间，它会比正式生产花费的时间更长，因为企业要花大量的时间去做各种测试。至于其他几个环节，恐怕花费的时间也不会少。很多时候，小企业之所以能够成功逆袭，就是因为它们能够用最短的时间完成这套流程，当它们拿着新产品出来耀武扬威时，大企业或许连份市场调研书都拿不出来。

快速反应的关键，就是一个"快"字，如何才能做到快呢？这里有一个前提，就是企业的研发管理一定要有一套精简的模式。平时企业可以按部就班地做研发，一环一环地批准，避免出错，但是等到时间紧急时，必须用这套精简的模式去研发，才能跟上市场的变化速度。

管理兵法：兵贵神速方能抢占市场

在竞争激烈的市场中，谁能抢占先机，谁就能建立优势，唯有反应快速的企业才能在市场中占据一席之地。两个人做同样的事情，一个立马就做，一个最后才做，前者就是聪明人，而后者则是傻子，区别他们的只是时间而已。

海尔：速度中体现出诚意

海尔集团自从1984年创立以来，就始终对市场保持着敏锐的嗅觉，凭借着几代人艰苦卓绝的努力，终于从濒临破产的境地走了出来，并发展成为全球大型家电的重要品牌。

2001年，中国正式加入世贸组织，海尔趁着这股东风，走向了西方市场。那一年，海尔举办了一次全球经理人年会，邀请各国企业家前来参加。在年会开始之前，海尔美国贸易公司的总裁迈克找到张瑞敏，私下里对他说，海尔的产品性价比很高，而美国市场对冷柜的需求量很大，相信进入美国市场以后，海尔一定可以取得好成绩。迈克无意中提了一个点子，他说现在市场上的冷柜有个问题，就是冷柜的容箱太深了，用户们每次想拿最底层的东西时，都会很不方便，如果能够稍微做些改进，让用户在拿东西时可以更方便就好了。

迈克说完以后，也没有放在心上，就去参加会议了。但是说者无意，听者有心，张瑞敏对这个意见很重视，他马上把这个任务吩咐下去，要求第二天交出样品。于是，海尔的设计人员临时成立了一个工作小组，当年会在轻松的氛围中开展时，这些设计人员正在加班加点地赶制样品。终于，在经历了一个不眠之夜以后，设计人员做出了一台新样品，这个样品不同于传统的冷柜，它可以从正上方打开盖子，下层还有抽屉分隔，使用非常方便。

第二天，张瑞敏把迈克请到了办公室，神秘兮兮地给他看一个蒙着帆布的东西，看上去像个大盒子。迈克疑惑地把帆布打开，顿时张大了嘴巴，他惊讶地发现，昨天提出的一个小小的建议，不到一天时间，就出现了一个样品。接着，张瑞敏在年会上正式展示了这台样品，获得全场与会人员的掌声。

管理漫谈

精准出击，快速占领市场

在市场变化日新月异的今天，快速出击的能力已经成为对企业执行力的重要考量。企业做产品，差异化固然重要，但是更重要的是出手的速度。能够精确地把握消费者的需求，并且推出匹配度高的产品，就能达到先声夺人的效果，在短期内占领市场。而后来者再想推翻前者，形成后来居上的局面，就没那么容易了。

为什么一款产品能够占领市场？说到底是因为企业能够直击客户的需求。客户的需求就是市场，最优秀的企业能够发掘消费者的潜在需求，而这是别人发现不了的，甚至当它们把产品做出来以后，仍然有很多企业对此表示怀疑。正如第一代iPhone推出时，乔布斯极具感染力的演讲，也未能让很多人意识到其中蕴含的商机。当时的微软CEO蒂夫·鲍尔默很不客气地说："iPhone想进占市场根本没戏，也许它们能挣点小钱，但每年卖出的13亿台手机中，大部分依然会搭载微软的系统，而苹果能分得2%～3%的份额就不错了。"

从iPhone的例子中，我们可以发现，能够占领市场的企业通常有这样几种特质：定位准确、切中痛点、设计具有美感、极具性价比。

附　录
超级实用的企业管理方法

SWOT分析法：四象限对比优势和劣势

　　在为谈判做准备时，我们有必要对各种相关信息进行仔细的研究和分析，最好的办法就是把信息一一列在纸上。SWOT分析法就是这样一种战略分析工具，它能让人们在谈判的准备阶段准确地认清形势，从而为人们提供参考依据。

　　SWOT是以下四个英文单词的缩写：

　　Strength（优势）——内部的有利因素

　　Weakness（劣势）——内部的不利因素

　　Opportunity（机会）——外部的有利因素

　　Threat（威胁）——外部的不利因素

　　SWOT分析法是一种系统性思维，它的优点在于考虑问题全面，而且条理清晰，便于检验。我们可以把当前整理得到的所有信息分别填入图表中，然后逐一进行分析，使SWOT分析法的作用得以充分发挥。最后对结果进行战略分析，得出谈判策略。

SWOT分析矩阵示意图

　　现在的社会是一个比较开放的社会，虽然还有很多不足之处，但从总体而言，还是比较稳定的。社会稳定的时候，做出的各种预测就更容易实现。所以，通过SWOT法则对内外部的优势和劣势、机会和威胁进行分析，是完全可行的。

TQM：全员参与，以质量为核心

TQM，即Total Quality Management，中文名为全面质量管理，这是一种专门用于维护质量的管理体系。在TQM系统中，包括市场研究、设计制造和售后服务等各个环节。

TQM的创立者是美国历史上最著名的质量大师阿曼德·费根堡姆，他给全面质量管理所下的定义是：为了能够在最经济的水平上，并考虑到充分满足顾客要求的条件下进行市场研究、设计、制造和售后服务，把企业内各部门研制质量、维持质量和提高质量的活动构成为一体的一种有效的体系。

在全面质量管理体系中，最基本的原则就是防患于未然，用各种标准化的措施，最大限度地减少犯错的可能。根据产品生产的过程，大概可以将管理分为三个阶段：设计阶段、制造阶段和检验阶段。在产品设计阶段，应该仔细排查，找出产品的薄弱环节，然后加以改进，消除隐患。在产品制造阶段，应采用SPC等科学方法对生产过程进行控制，尽量把不合格品消灭在生产过程之中。在产品的检验阶段，不论是最终产品还是在制品，都要及时反馈质量信息并认真处理。

TQM的重点是全员参与，这也是它最大的特点，它可以让全体员工上下一心、群策群力——这是很关键的一点。要注意的是，"上下一心"并非只是口号，而是必需条件。这里说的"上下一心"，至少包含了三方面的意思：一是上下各级同事皆充分明了公司的目标、方向和策略；二是他们充分认同及投入；三是他们清清楚楚地知道公司达成目标对他们会有什么好处，也就是说，要能把公司的利益与各级员工的利益结合起来。

协作是大生产的必然要求。生产和管理分工越细，就越要求协作。企业的质量问题往往涉及许多部门，如无良好的协作，是很难解决的。因此，强调协作是全面质量管理的重要原则之一。

全面质量管理强调质量，但质量保证的水平或预防不合格的深度都是没有止境的，我们必须考虑经济性，建立合理的经济界限。这就是经济原则。由于国际市场的竞争异常激烈，企业必须在实施全面质量管理的同时辅以经济质量管理，追求经济上的最适宜方案。

ERP系统：将管理系统化、可视化

　　在很多中小企业管理中，大家已习惯了粗放式的管理模式，其中造成的管理损失有多少，谁也说不清楚。管理者有时也很想提高管理水平，但没有一个好的解决方案，工作一忙，管理靠后是常见现象。企业要走向精细化管理，ERP是很重要的手段。ERP是面向生产型企业的一套先进的企业管理系统，涉及企业管理的各个方面。

　　企业的管理水平和团队的综合素质是直接相关的，然而，没有一套好的管理体系，团队也是有劲没处使，大量的时间和精力被管理体系消耗掉，工作效率降低。ERP只是管理体系里的一个工具，能否用好ERP是检验管理体系状态的一个很好的标准。当团队和管理之间呈正相关关系时，工作效率是提高的，反之亦然。

　　ERP涉及企业的物流、生产、财务、技术等各个部门，在一个企业中具备全面管理能力的人很少，如果没有一个全面负责协调

ERP的核心人物，要把ERP、企业管理、组织建设、人员调配等工作做好也是难以想象的。由于企业在开始做ERP的初期阶段，对ERP的认识和了解非常有限，如何把管理思想、ERP思想和企业的实际情况结合好是ERP咨询策划人员的核心工作。

提出解决方案，提供解决途径，这是ERP咨询策划顾问的核心使命。要让企业接受ERP，用好ERP，让企业在管理上脱胎换骨，让企业管理科学化、现代化、信息化，必须要内在、外在因素共同发挥作用才可以完成。

JIT生产方式：无库存的生产管理方式

我们知道大工业生产之所以能够打败手工作坊，靠的就是大批量、规模化的生产方式。企业通过流水线提升生产效率，生产出一批库存产品，然后销售出去。但是这种生产方式存在一个致命的缺陷——库存积压。如果产品在市场上滞销了，堆积在仓库里的库存就会处在一个非常尴尬的位置，它非但不能立即变现，给企业带来效益，还会消耗掉一些管理费用。因此，无库存的生产管理方式就成为新的企业管理模式主张，JIT生产方式就是其中一种。

JIT（Just In Time），也叫准时制生产方式，是日本丰田汽车公司首先创立的一种具有现代特色的生产组织方式，它的典型特征就是小批量、多品种，只在需要的时间内，按照需要的产量，生产需要的产品。通过看板管理，成功地制止了过量生产，避免了库存积压的情况出现。经过二十余年的发展，JIT生产方式对传统的工业生产模式进行了改造，逐渐形成了包括经营理念、生产组织、物流控制、质量管理、成本控制、库存管理、现场管理在内的完整的管理技术与方法体系。

为了实现无库存的目标，JIT生产方式采取了以下几种方法：

1. 合理规划生产任务

JIT的核心，就是及时生产所需产品，尽量减少库存时间，因此事先必须做好合理的规划，才能让所有部门紧密配合。正是基于市场需求与经营的变化，JIT摒弃了原有的生产组织模式，从客户的最新需求出发，尽快生产出市场需要的产品，并且还要控制好产量。

2. 采取看板管理模式，实现生产调节

在实际生产过程中，JIT采取看板管理的模式，对各个流程进行调节。工作人员凭借一张通知单或卡片，向其他部门传递零部件名称、生产量、生产时间、生产方法、运送量、运送时间等信息，从而实现定时定点交货，避免出现物料管理上的混乱。

3. 标准化的资源供应

在组织生产任务之前，企业对各个环节需要的资源进行评估，从而实现资源的标准配给，这有助于降低成本、节约资源。

4. 灵活调配作业人员

传统生产模式是"定员制"，每一条生产线上的人数都是固定

的。然而工业生产模式正在朝着智能化的方向前进，JIT同样具备智能化的某些特征。企业把每个员工都看作一个独立的个体，教会他们多种能力，然后根据生产任务，灵活地配备作业人员，根据实际需要增减作业人数，从而在人员管理上实现了"零库存"。